**스마트**한 생활을 위한

버전2

동영상

제작 & 편집

시대인

이 책의 구성

★ 들어가기
각 장마다 배우게 될 내용을 설명합니다.

★ 미리보기
각 장마다 배우게 되는 예제의 완성된 모습을
미리 확인할 수 있습니다.

★ 무엇을 배울까요?
본문에서 어떤 기능들을 배울지 간략하게 살펴
봅니다.

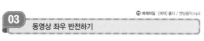

★ 따라하기
과정을 순서대로
따라하면서 쉽게 기능을 습득할 수 있습니다.

⭐ 배움터

본문에서 다루지 못한 내용이나 알아두어야 할
사항들을 추가적으로 설명합니다.

⭐ 디딤돌 학습

각 장마다 배운 내용을 토대로 한 번 더
복습할 수 있도록 응용된 문제를 제공합니다.
혼자 연습해봄으로써 실력을 다질 수 있습니다.

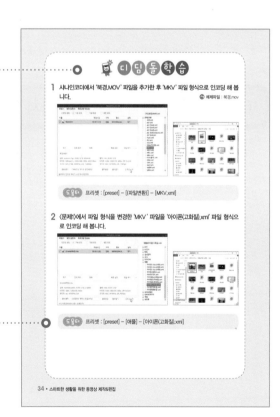

⭐ 도움터

혼자 연습해 볼 수 있도록
필요한 정보 또는 방법을 지원합니다.

목 차

10장 │ 유튜브 올리기

01 자료 준비하기

동영상을 제작하려면 사진이나 동영상, 배경 음악, 효과음 등이 필요합니다. 스마트폰이나 디지털 카메라에서 찍은 사진과 동영상을 컴퓨터에 연결하여 저장하는 방법과 인터넷에서 무료로 제공하는 이미지와 동영상을 다운로드하여 자료를 수집해 보도록 하겠습니다.

 무엇을 배울까요?

⋯ USB 케이블로 컴퓨터과 스마트폰 연결하여 자료 내려 받기
⋯ 스마트폰이나 디지털 카메라의 SD 카드 안의 자료를 내려 받기
⋯ 인터넷에서 무료 사진, 비디오, 효과음 내려 받기

스마트폰으로 촬영한 자료 내려 받기

01 컴퓨터와 스마트폰을 연결하여 데이터를 전송하기 위해서 먼저 **USB 케이블의 USB를 노트북 USB 포트에 연결**하고, **USB 케이블을 스마트폰에 연결**합니다.

노트북의 USB 포트에 연결

외부 커넥터 연결잭에 연결

배움터

아이폰은 라이트닝 8핀 케이블을 사용합니다. 앞뒤 구분 없이 설계되어서 뒤집어서 꽂더라도 문제가 없어 편리하며, 고장의 위험이 적습니다.

02 디바이스의 드라이브가 자동으로 설치되고, 스마트폰 사용 준비가 완료되었다는 메시지가 나타나면 작업 표시줄의 **아이콘 모음 중 [파일 탐색기]를 클릭**합니다.

클릭

03 스마트폰이 컴퓨터에 연결되어 스마트폰에 [휴대전화 데이터에 접근 허용] 알림 창이 나타나면 **[허용]을 터치**합니다. [파일 탐색기] 왼쪽 경로창에서 **[내 PC]를 클릭**하고 [장치 및 드라이브]에서 새로 설치된 **스마트폰을 더블클릭**합니다.

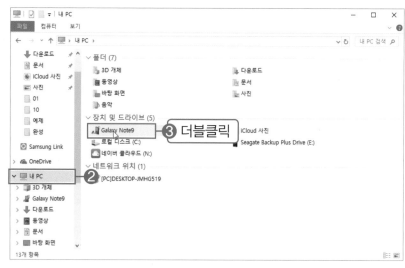

04 [파일 탐색기] 창에서 **[Phone] 드라이브를 더블클릭**합니다.

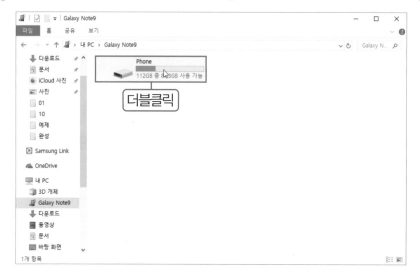

배움터 아이폰의 경우

아이폰의 경우에는 iTunes(아이튠즈)를 PC에 설치해서 아이튠즈를 통해 파일을 PC로 전송합니다.

05 [Phone] 드라이브가 열리면 스마트폰에서 촬영된 사진과 동영상이 있는 [DCIM] 폴더를 더블클릭합니다. 이후 [Camera] 폴더를 더블클릭하여 들어간 후, 복사할 파일을 Ctrl 키를 누른 채 여러 개를 선택합니다. [홈] 탭 – [클립보드] 그룹 – [복사]를 클릭합니다.

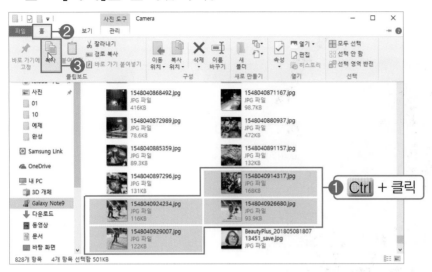

06 복사한 파일을 저장할 컴퓨터 내의 폴더로 들어간 후, [홈] 탭 – [클립보드] 그룹 – [붙여넣기]를 클릭합니다. 스마트폰에 있던 파일이 복사된 것을 확인할 수 있습니다.

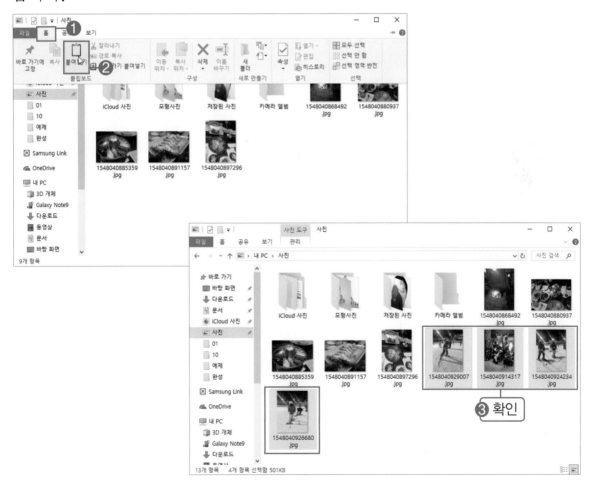

01 카메라로 촬영한 사진을 PC로 내려 받으려면 **카메라의 SD카드 삽입구를 열어서 SD카드를 꺼냅니다.**

SD카드 삽입구

SD카드

배움터 SD카드

요즘 스마트한 전자 기기들은 대부분 Micro SD 메모리 카드나 SD카드를 저장 매체로 사용합니다. 카메라, 스마트폰, 블랙박스 등의 저장 매체를 Micro SD 메모리 카드로 사용하면 언제 어느 때나 카메라나 블랙박스에 촬영된 영상을 스마트폰에서 바로 Micro SD 메모리 카드를 통해 바로 확인할 수 있습니다. Micro SD 메모리 카드와 SD카드의 구조는 동일하기 때문에, 필요에 따라 어댑터를 끼우면 Micro SD 메모리카드를 SD카드가 들어가는 기기에 사용할 수 있습니다.

▲ SD카드　　　　　▲ Micro SD 메모리 카드　　　　　▲ Micro SD 메모리 카드 어댑터

02 컴퓨터나 노트북에 SD카드를 삽입해서 SD카드에 저장된 사진을 내려 받을 수 있습니다. **노트북의 SD카드 슬롯에** 카메라에서 촬영한 사진이 저장되어 있는 **SD카드를 삽입**합니다.

노트북의 SD카드
슬롯에 SD카드 삽입

> **배움터** 컴퓨터나 노트북 기종에 따라 SD카드 슬롯이 없을 수 있습니다. SD카드 슬롯이 없다면 USB SD카드 리더기를 사용해야 합니다.

03 [파일 탐색기]를 실행한 다음 [SD카드] 드라이브를 열고, [DCIM] 폴더를 더블클릭한 후 [Camera] 폴더를 더블클릭합니다. 촬영한 파일을 Ctrl 키를 누른 채 여러 개를 선택한 후 [홈] 탭 – [복사]를 클릭합니다.

> **배움터** 카메라 내부에 자체 내장된 SD카드의 [Camera] 폴더의 이름은 카메라 이름, 카메라 제조 회사 이름 등으로 대체되는 경우가 있습니다.

04 복사한 파일을 저장할 컴퓨터 내의 폴더를 연 후 [홈] 탭 – [클립보드] 그룹 – [붙여넣기]를 클릭합니다.

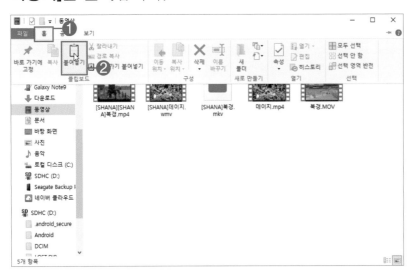

05 복사가 완료되면 폴더 안에 촬영한 파일이 붙여넣기 된 것을 확인할 수 있습니다.

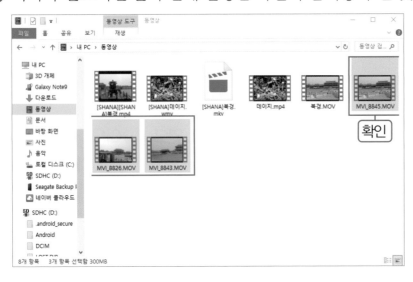

배움터 스마트폰의 Micro SD 메모리 카드로 자료 받기

01 스마트폰 상단의 Micro SD 메모리 카드와 유심칩을 넣는 슬롯을 뺀 후 슬롯에 Micro SD 메모리 카드를 장착합니다. 다시 스마트폰에 Micro SD 메모리 카드와 유심칩 슬롯을 장착합니다.

슬롯

Micro SD
메모리 카드

스마트폰에 Micro SD 메모리
카드를 장착한 슬롯 장착

02 스마트폰의 알림창에 📇 아이콘이 보이면 SD카드가 장착되었음을 뜻합니다. 홈 화면에서 [갤러리(⚙)]를 터치합니다. 갤러리가 실행되면 오른쪽 상단의 ⋮ 를 터치한 후 [편집]을 터치합니다.

03 사진 중 SD카드로 이동할 사진을 터치하여 선택한 후 오른쪽 상단의 ⋮ 를 터치하여 [앨범으로 이동]을 터치합니다. 앨범 중 📇 가 표시되어 있는 [100CANON]을 터치합니다. 앨범으로 이동하여 [카메라]의 사진수는 줄고, [100CANON]의 사진 수는 늘어난 것을 확인합니다.

04 스마트폰의 Micro SD 메모리 카드를 빼서 SD카드 어댑터에 넣은 후 컴퓨터에 넣고, 스마트폰에 있던 파일을 선택하여 복사한 후 컴퓨터 폴더 안으로 붙여넣기 합니다.

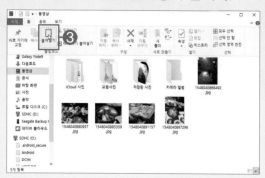

03 인터넷에서 자료 내려 받기

 무료 이미지 다운로드

01 인터넷 익스플로러()를 실행한 후 '픽사베이(https://pixabay.com)'에 접속합니다.

02 검색창에 '**풍선&코끼리**'라고 입력하고 [검색] 단추를 클릭합니다.

03 검색어와 관련된 이미지들이 검색되면 그 중 마음에 드는 **이미지 파일을 선택**합니다.

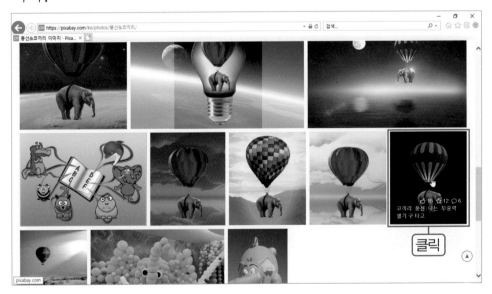

04 [무료 다운로드] 단추를 클릭한 후 이미지 크기는 선택된 그대로 두고, [다운로드] 단추를 클릭합니다.

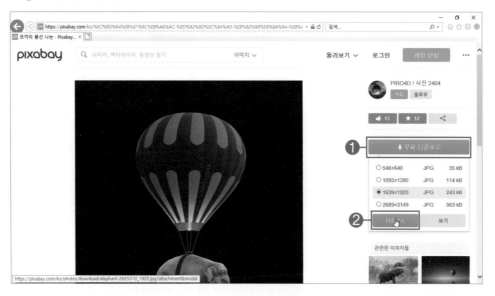

05 [다운로드] 창에 '로봇이 아닙니다'에 체크한 후 [다운로드] 단추를 클릭합니다.

06 페이지 하단에 저장, 열기 여부를 묻는 창이 나타나면 [저장]의 펼침 단추(▼)를 클릭하고 [다른 이름으로 저장]을 선택합니다.

07 저장 경로를 [예제] 폴더로 하고, 파일 이름은 '코끼리사진'이라고 입력한 후 [저장] 단추를 클릭합니다. 인터넷에서 무료로 사용할 수 있는 이미지를 다운로드하여 저장하였습니다.

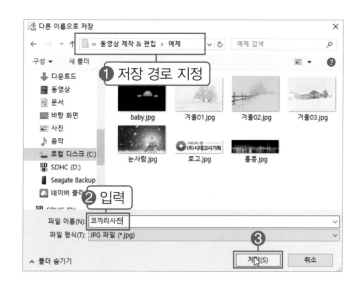

무료 비디오 다운로드

01 픽사베이 홈페이지의 검색창에서 '풍선&코끼리'라고 입력한 후 [이미지 ∨]를 클릭하여 [비디오]를 선택합니다.

02 검색어와 관련된 동영상들이 검색되면 그 중 마음에 드는 **동영상 파일을 선택**합니다.

03 [무료 다운로드] 단추를 클릭한 후 비디오 크기는 선택된 그대로 두고, [다운로드] 단추를 클릭합니다.

04 페이지 하단에 저장, 열기 여부를 묻는 창이 나타나면 **[저장]**의 펼침 단추(▼)를 클릭하고 **[다른 이름으로 저장]**을 선택합니다.

05 저장 경로를 [예제] 폴더로 하고, 파일 이름은 '풍선'이라고 입력한 후 [저장] 단추를 클릭합니다.

무료 효과음 다운로드

01 인터넷 익스플로러()를 실행한 후 '사운드바이블(http://soundbible.com)'에 접속합니다. 검색창에 찾고 싶은 키워드로 'Click'을 입력하고 Enter 키를 누릅니다.

배움터 사운드바이블 사이트는 한국어 검색을 지원하지 않습니다. 한국어로 검색하면 검색 결과를 얻을 수 없으므로, 반드시 영어로 검색해야 합니다.

02 검색된 효과음 목록 중 **재생 단추를 클릭**하여 효과음을 들어본 후, 다운로드하려면 해당 **효과음의 이름을 클릭**합니다.

03 효과음을 'WAV'와 'MP3' 확장자로 서비스하고 있습니다. 여기서는 'MP3'를 선택합니다.

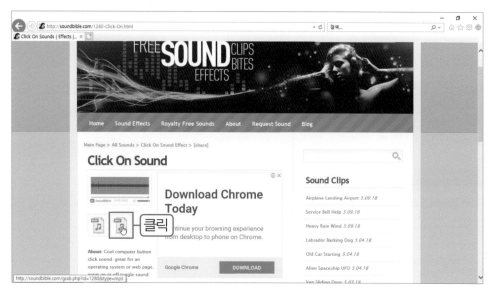

04 페이지 하단에 저장, 열기 여부를 묻는 창이 나타나면 **[저장]**의 펼침 단추(▼)를 클릭하고 **[다른 이름으로 저장]**을 선택합니다. 저장 경로를**[예제]** 폴더로 지정하고 **[저장]** 단추를 클릭합니다.

1 '사운드바이블(http://soundbible.com)'에서 'Footsteps'로 검색합니다. 검색 목록 중 'Footsteps'의 파일을 'MP3'로 다운로드하고, [예제] 폴더에 '발소리.mp3'로 저장해 봅니다.

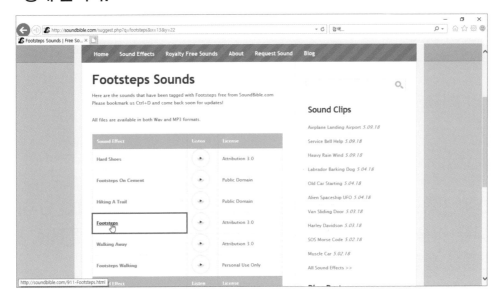

2 '픽사베이(https://pixabay.com)'에서 [일러스트]로 '고양이'를 검색한 후 검은색 고양이 이미지를 클릭하여 [예제] 폴더에 '검은고양이'라는 파일 이름으로 저장해 봅니다.

02 인코더 프로그램 설치 및 구성 살펴보기

종종 읽히지 않는 동영상 파일 때문에 동영상 파일 형식을 변경하고 싶을 때나 PC 형식의 동영상 파일을 스마트폰 파일 형식으로 빠르게 설정해서 변경하고 싶을 때가 있습니다. 이럴 때 인코더 프로그램을 사용하면 원하는 동영상 파일 형식에 맞게 설정하여 변형할 수 있습니다. 여기서는 샤나인코더 프로그램을 다운로드하여 설치하는 방법과 사용하는 방법에 대해서 알아보겠습니다.

무엇을 배울까요?

··· [샤나인코더] 설치 파일 다운로드 및 설치하기
··· [샤나인코더] 화면 구성 살펴보기
··· [샤나인코더]에 동영상 파일 추가, 변환하기

샤나인코더 다운로드 및 설치

샤나인코더 설치 파일 다운로드하기

01 인터넷 익스플로러(💿)를 실행한 후 '샤나인코더(https://shana.pe.kr)'에 접속합니다. 상단 메뉴에서 [샤나인코더] – [다운로드]를 선택합니다.

02 다운로드 페이지에서는 예전 버전부터 최신 버전까지 다운로드할 수 있는데, 여기서는 '샤나인코더(ShanaEncoder) 4.9.0.1'을 선택합니다.

> **배움터** **샤나인코더란?**
>
> 샤나인코더는 동영상 인코딩 프로그램입니다. PC에서는 대부분의 동영상을 재생할 수 있지만 스마트폰 기기에 따라서 특정 동영상 확장자만 재생되는 경우가 있습니다. 그래서 스마트폰에서 영상을 재생하기 위해서 인코딩을 통해 재생 가능한 확장자로 파일 형식을 변환해 주어야 합니다.

03 샤나인코더 **다운로드 링크를 클릭**해서 설치 파일을 다운로드합니다.

04 페이지 하단에 저장, 실행 여부를 묻는 창이 나타나면 **[실행] 단추를 클릭**합니다.

05 컴퓨터에서 허용을 요청하는 창이 나타나면 **[허용] 단추를 클릭**하여 설치를 시작합니다.

🖱 샤나인코더 설치하기

01 샤나인코더 설치 파일이 실행되면 언어 선택 창이 나오는데, 한국어로 설정하기 위해 **[Korean]로 설정**한 후 **[OK] 단추를 클릭**합니다.

02 샤나인코더 설치를 시작한다는 창이 나타나면 **[다음] 단추를 클릭**합니다.

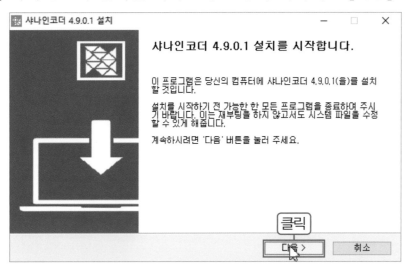

03 사용권 계약 창에 **'위 사항에 동의합니다'를 선택**한 후 **[다음] 단추를 클릭**합니다.

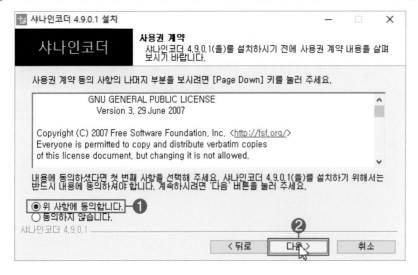

04 [사용권 계약]에서 계약 내용을 살펴본 후 '**위 사항에 동의합니다**'에 체크하고 [다음] 단추를 클릭합니다. [구성 요소 선택]에서 '**프리셋**'에 체크하고 [다음] 단추를 클릭합니다.

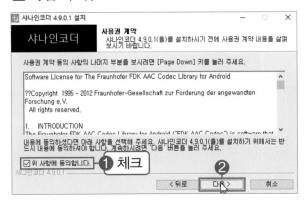
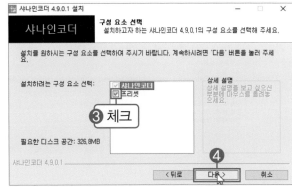

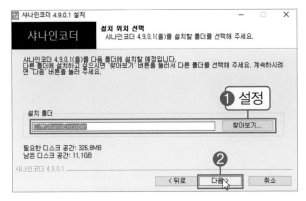

프리셋이란?

프리셋이란 특별히 설정해둔 비디오나 오디오 형식을 의미합니다. 여기서는 동영상을 다른 파일 형식으로 편하게 변환하기 위해서 이미 설정되어 있는 프리셋이 필요하기 때문에 샤나인코더를 설치하면서 프리셋을 함께 설치해야 합니다.

05 [설치 위치 선택]에서 **설치할 폴더를 설정**하고 [다음] 단추를 클릭합니다. [시작 메뉴 폴더 선택]에서 **폴더 이름을 설정**하고 [설치] 단추를 클릭합니다.

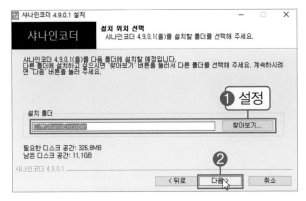
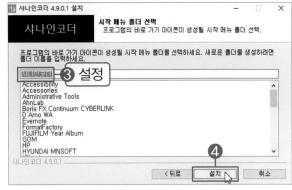

06 설치가 진행됩니다. 설치가 완료되면 설치 완료 창에서 '**샤나인코더 홈페이지 방문하기**'의 **체크를 해제**하고 [**마침**] **단추를 클릭**합니다.

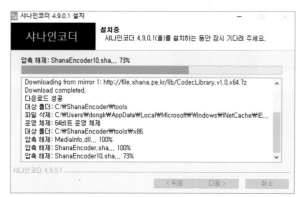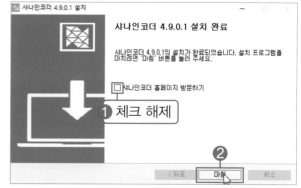

> **배움터** '샤나인코더 홈페이지 방문하기'에 체크하고 설치를 완료하면 샤나인코더 홈페이지가 실행됩니다.

07 바탕화면에서 추가된 **샤나인코더 바로 가기 아이콘( )을 더블클릭**하여 실행합니다.

샤나인코더 구성 살펴보기

샤나인코더를 실행하면 나타나는 첫 화면은 3개의 기본 메뉴, 리스트, 프리셋, 파일 추가, 파일 제거, 파일 설정을 조정하는 단추들과 인코딩 시작, 저장 폴더 설정 화면으로 구성되어 있습니다.

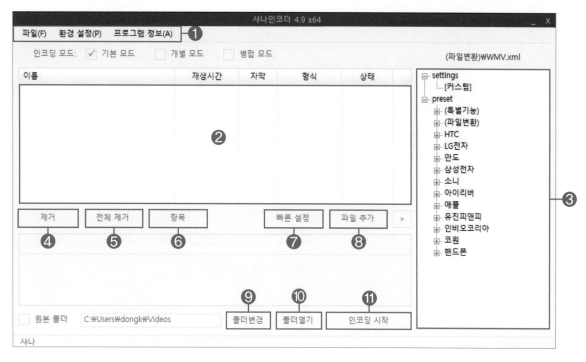

❶ **기본 메뉴**
- 파일 : 추가(파일 추가), 제거(추가한 파일 목록 제거), 전체 제거, 기록 보기를 할 수 있습니다.
- 환경 설정 : 작업 환경을 설정합니다. 단, [인코딩 완료 후]의 [절전]과 [시스템 종료]는 설정이 저장되지 않습니다.
- 프로그램 정보 : 샤나인코더 버전 및 라이선스 정보를 볼 수 있습니다.

❷ **파일 목록** : 추가한 파일 목록을 볼 수 있습니다.

❸ **프리셋** : 변환하고 싶은 동영상 파일 확장자를 선택하면 원하는 파일 형식으로 변환할 수 있습니다. 파일 형식은 3gp, asf, avi, flv, k3g, m4a, mkv, mov 등 다양한 형식이 있습니다.

❹ **제거** : 선택한 파일을 추가 목록에서 제거합니다.

❺ **전체 제거** : 추가한 파일 목록을 모두 제거합니다.

❻ **항목** : 추가한 파일 목록을 위/아래로 순서 변경 또는 모두 선택/해제할 수 있습니다.

❼ **빠른 설정** : 인코딩에서의 파일 형식 설정, 영상/자막 및 오디오 설정, 재생 속도 등을 설정할 수 있습니다.

⑧ **파일 추가** : 동영상, 오디오, 기타 데이터 파일 추가가 가능합니다.

⑨ **폴더변경** : 인코딩을 완료한 파일을 저장하는 폴더를 변경할 수 있습니다.

⑩ **폴더열기** : 인코딩을 완료한 후 저장된 폴더를 열 수 있습니다.

⑪ **인코딩 시작** : 인코딩을 시작합니다.

배움터 **파일 메뉴**

파일 메뉴는 상단의 [파일]을 눌러도 되지만, 샤나인코더 어디에서든 마우스 오른쪽 단추를 누르면 파일 메뉴가 나옵니다. 파일 메뉴는 많은 기능을 갖고 있기 때문에 상단의 파일을 클릭하는 것 보다 마우스 오른쪽 단추를 눌러 불러오는 것이 더욱 빠르게 프로그램을 조작할 수 있습니다.

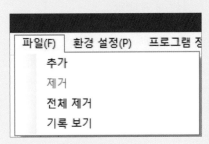

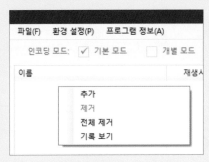

▲ 상단 파일 메뉴   ▲ 마우스 오른쪽 단추 클릭

배움터 **빠른 설정**

샤나인코더의 메인 화면에서 [빠른 설정] 단추를 클릭하면 다음과 같은 대화상자가 나타납니다.

❶ 인코딩 : 파일 형식, 코덱, 영상 사이즈, 샘플 레이트 등을 설정할 수 있습니다.

❷ 영상/자막 : 영상 좌우 또는 상하 반전, 영상 조절, 자막 입히기 유무 등을 설정할 수 있습니다.

❸ 오디오 : 볼륨 변경 등을 설정할 수 있습니다.

03 동영상 파일 인코더로 변환하기

01 [파일] – [추가]를 선택합니다.

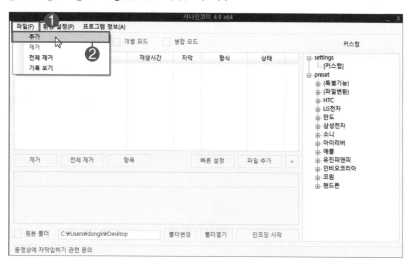

배움터 샤나인코더 어디에서든 마우스 오른쪽 단추를 눌러도 파일 추가를 할 수 있습니다.

02 [열기] 대화상자에서 [예제] 폴더의 '데이지.mp4' 파일을 선택한 후 [열기] 단추를 클릭합니다.

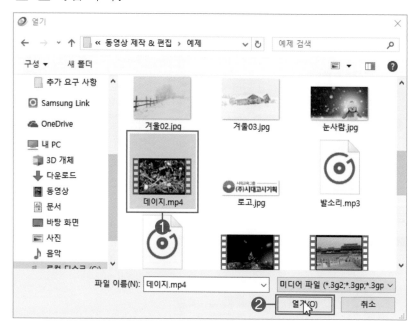

03 동영상 파일이 목록에 표시됩니다. 오른쪽의 프리셋에서 [preset] - [파일변환] - [WMV.xml]을 **선택**합니다. 'wmv.xml' 파일 형식의 설정을 불러올지 묻는 알림 창에 [예] 단추를 클릭합니다.

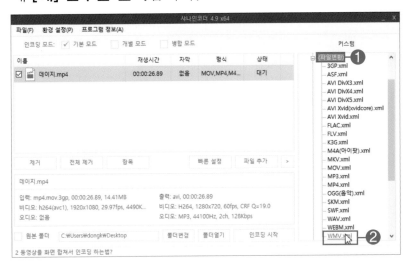

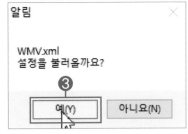

04 변환한 파일의 저장 폴더를 변경하기 위해 [폴더변경] 단추를 클릭합니다. [폴더 찾아보기] 대화상자에서 원하는 **폴더를 선택**한 후 [확인] 단추를 클릭합니다.

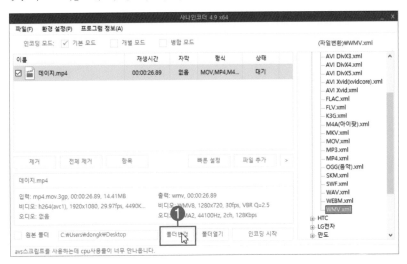

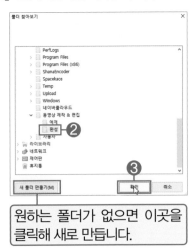

원하는 폴더가 없으면 이곳을 클릭해 새로 만듭니다.

05 [인코딩 시작] 단추를 클릭하여 인코딩을 시작합니다.

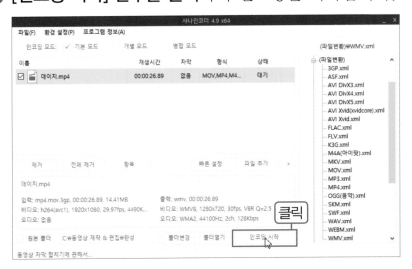

클릭

06 설정한대로 인코딩이 진행됩니다. 아래쪽 [진행 상황] 탭에서 진행 상황을 확인할 수 있습니다.

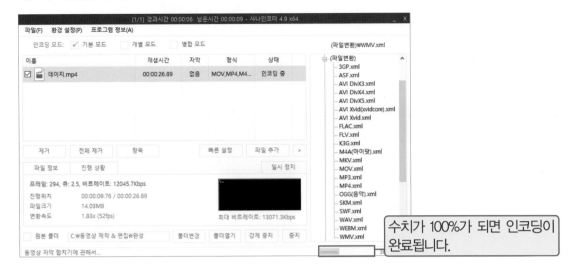

07 인코딩이 완료되면 **[폴더열기]** 단추를 클릭합니다.

08 기존에 'mp4' 동영상 파일이 'wmv' 파일 형식으로 추가, 변경된 것을 확인할 수 있습니다.

디딤돌학습

1 샤나인코더에서 '북경.MOV' 파일을 추가한 후 'MKV' 파일 형식으로 인코딩 해 봅니다.

🗁 예제파일 : [예제] 폴더 / 북경.mov

도움터 프리셋 : [preset] – [(파일변환)] – [MKV.xml]

2 〈문제1〉에서 파일 형식을 변경한 'MKV' 파일을 '아이폰(고화질).xml' 파일 형식으로 인코딩 해 봅니다.

도움터 프리셋 : [preset] – [애플] – [아이폰(고화질).xml]

03 영상 편집 프로그램 설치 및 구성 살펴보기

뱁믹스는 뱁션 회사에서 제공하는 무료 동영상 편집 프로그램입니다. 동영상 편집 프로그램은 보통 유료인 경우가 많은데 뱁믹스는 무료이고 사용법이 쉬워서 초보자 누구나 쉽게 사용할 수 있습니다. 이번 장에서는 뱁믹스를 다운로드하고 설치하는 방법과 뱁믹스를 사용하기 위해 뱁션에 회원가입하고 로그인하여 뱁믹스의 구성 화면까지 살펴보도록 하겠습니다.

 무엇을 배울까요?

… 뱁믹스 다운로드하고 설치하기
… 뱁션에 회원가입 및 로그인하기
… 뱁믹스 화면 구성 살펴보기

뱁믹스 다운로드 및 설치

01 인터넷 익스플로러(ⓔ)를 실행한 후 '뱁션(http://www.vapshion.com)'에 접속합니다. 뱁믹스의 설치 파일을 다운로드 하기 위해 **[뱁믹스 무료 설치하기]** 단추를 클릭합니다.

[배움터] 뱁믹스란?

뱁믹스는 간단한 인터페이스로 사용자가 쉽게 동영상을 만들 수 있게 해 주는 프로그램으로, 예능 자막 및 뉴스 자막 등 자막이 장점인 프로그램입니다. 하지만 다양한 자막 폰트를 사용하려면 유료로 구매하여 사용해야 합니다.

02 [네이버 소프트웨어 자료실] 페이지로 이동하면 **[무료 다운로드]** 단추를 클릭합니다.

03 [네이버 소프트웨어 자료실] 다운로드 절차에 따라 각 **[다운로드] 단추를 클릭**하여 진행합니다. 페이지 하단에 실행, 저장 여부를 묻는 창이 나타나면 **[실행] 단추를 클릭**합니다.

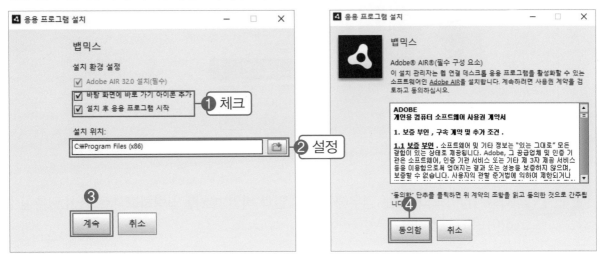

04 '바탕 화면에 바로 가기 아이콘 추가'와 '설치 후 응용 프로그램 시작'에 체크하고 설치 위치를 설정한 후 **[계속] 단추를 클릭**합니다. 소프트웨어 계약조항을 읽은 후 **[동의함] 단추를 클릭**하여 설치를 시작합니다.

05 Adobe AIR의 설치가 완료되면, 뱁믹스가 설치됩니다. 설치가 완료된 후 **[시작하기]를 클릭**합니다. 리소스 확인과 외부 폰트 로드가 끝나면 뱁믹스가 실행됩니다.

회원가입 및 로그인

01 로그인을 하기 위해 먼저 [무료 회원가입]을 클릭합니다.

배움터 회원가입이 되어 있는 경우에는 이메일과 비밀번호를 입력하고, [로그인] 단추를 클릭하여 로그인합니다.

02 [이용약관]과 [개인정보 수집 및 이용동의]의 조항을 읽어본 후 각각 체크하고 [동의] 단추를 클릭합니다.

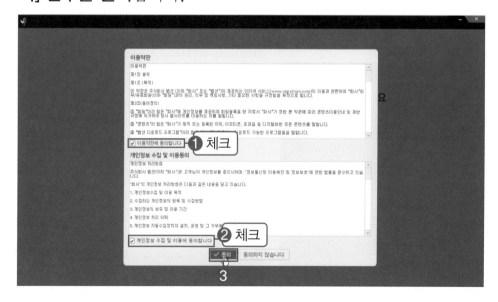

03 이메일과 비밀번호, 비밀번호 확인을 각각 입력한 후 [가입] 단추를 클릭합니다. '가입되었습니다'라는 알림창이 나타나면 [확인] 단추를 클릭합니다.

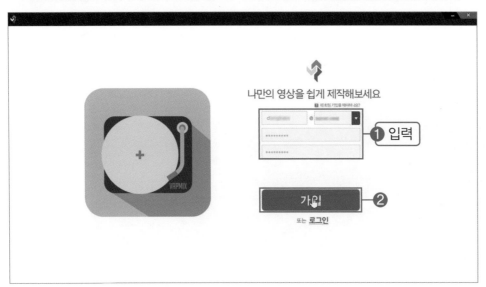

> (배움터) 회원가입은 이메일과 비밀번호 작성만으로 쉽게 가입할 수 있습니다.

04 이메일과 비밀번호를 입력한 후 '아이디 및 비밀번호 기억하기', '자동 로그인'에 체크하고 [로그인] 단추를 클릭합니다. 다음에 뱁믹스를 실행할 때 이메일과 비밀번호 입력 없이 자동 로그인됩니다.

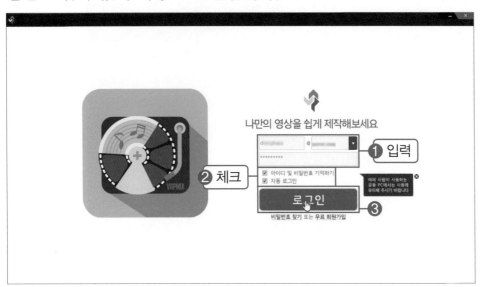

> (배움터) 여러 사람이 사용하는 공용 PC에서는 본인의 이메일과 비밀번호가 공유될 수 있습니다. 공용 PC에서는 '아이디 및 비밀번호 기억하기'와 '자동 로그인'에 체크하지 않고 뱁믹스를 실행할 때마다 이메일과 비밀번호를 입력하여 로그인하는 게 좋습니다.

밥믹스 구성 살펴보기

01 밥믹스 프로그램에 로그인되면 업데이트 내용 창의 '**오늘 하루동안 보지않기**'에 **체크**하고 **창을 닫습니다.**

02 [사진·영상 열기(■)] 단추를 **클릭**합니다.

배움터

밥믹스는 음성 출력 장비가 없으면 제대로 실행이 안 됩니다. 밥믹스 사용 전에 이어폰 이나 스피커를 연결해야 합니다.

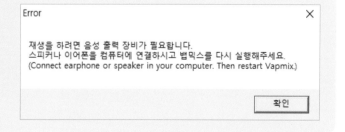

03 비디오를 선택하는 대화상자에서 **'데이지.mp4'를 선택**한 후 **[확인] 단추를 클릭**합니다.

배움터 Shift 키나 Ctrl 키를 누른 채 파일을 선택하면 여러 파일을 한꺼번에 불러올 수 있습니다.

04 불러온 사진이나 동영상이 [영상편집] 탭에 섬네일로 보여집니다. 상단 오른쪽의 홍보와 사용법 창은 닫아줍니다.

배움터 **섬네일이란?**

영상 전체의 레이아웃을 검토할 수 있게 요약하여 작은 화면에 띄운 것으로, 한 장면을 통해 전체의 내용을 알 수 있도록 축약시켜둔 요약본입니다.

05 뱁믹스 화면 구성을 살펴봅니다.

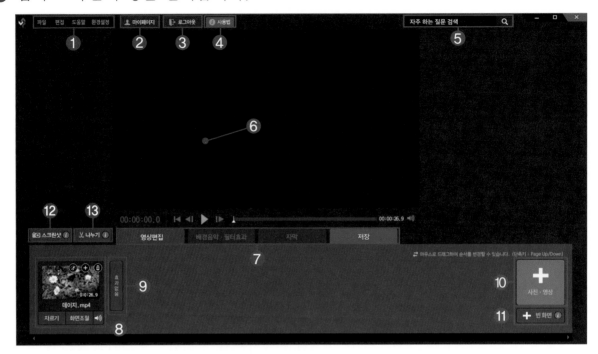

❶ **메뉴** : 작업에 필요한 메뉴로 [파일], [편집], [도움말], [환경설정] 메뉴가 있습니다.

❷ **마이페이지** : 본인과 관련된 모든 정보를 열람하거나 관리할 수 있습니다.

❸ **로그아웃** : 뱁믹스를 포함한 뱁션 사이트에서 로그아웃할 수 있습니다.

❹ **사용법** : 뱁믹스의 사용 방법을 볼 수 있습니다.

❺ **자주 하는 질문 검색** : 검색어를 입력하여 자주 하는 질문을 검색할 수 있습니다.

❻ **미리보기** : 영상편집에서 작업하고 있는 것을 미리 보여주는 창입니다.

❼ **탭** : [영상편집], [배경음악·필터효과], [자막], [저장] 탭을 각각 클릭하여 이곳에 있는 데이터를 이용해 다양한 편집 과정을 거쳐서 동영상을 제작하고 저장할 수 있습니다.

❽ **섬네일** : 추가한 사진이나 동영상 데이터입니다. 자르기, 화면조절, 영상속도 조절, 복사, 삭제, 음소거 등을 할 수 있습니다.

❾ **전환 효과** : [효과없음]을 클릭하면 [오버랩효과]가 전환 효과로 적용됩니다. 전환 효과 종류는 향후 업데이트 될 예정입니다.

❿ **사진·영상 추가** : 사진이나 동영상을 추가할 수 있습니다.

⓫ **빈 화면** : 빈 화면을 추가할 수 있습니다.

⓬ **스크린샷** : 현재 보이는 화면을 스크린샷 기능을 사용하여 사진으로 저장할 수 있습니다.

⓭ **나누기** : 동영상을 나누는 기능입니다.

1 뱁믹스를 사용할 때 쉽게 작업할 수 있는 단축키 안내 창을 불러와서 확인해 봅니다.

> **도움터** [도움말] 메뉴에서 [단축키 안내]를 선택하여 불러옵니다.

2 뱁믹스에 '검은고양이.png'를 추가해 봅니다.

📁 예제파일 : [예제] 폴더 / 검은고양이.png

04 사진으로 간단한 영상 만들기

뱁믹스 프로그램을 사용하면 몇 장의 사진만으로도 영상을 만들 수 있습니다. 사진의 노출 시간을 조절하고 중요 장면을 길게 혹은 짧게 강조할 수도 있습니다. 화면 크기를 확대 또는 축소하여 변화를 줄 수도 있습니다. 사진으로 영상을 만드는 방법부터 제작한 영상을 프로젝트 파일과 동영상으로 저장하는 방법까지 알아보겠습니다.

 무엇을 배울까요?

… 뱁믹스에서 여러 사진 한꺼번에 불러오기
… 사진 노출 시간 조절하기
… 화면 전환 효과 적용하고 확대, 축소하기
… 프로젝트 파일과 동영상 파일로 저장하기

01 **사진 파일 불러오기**

01 뱁믹스(🎬)를 실행한 후 [사진·영상 열기(📂)] 단추를 클릭합니다.

> **배움터** 사진이나 동영상 파일을 뱁믹스 프로그램 위로 드래그 앤 드롭해도 불러올 수 있습니다.

02 [예제] 폴더에서 Ctrl 키를 누른 채 '겨울01.jpg', '겨울02.jpg'를 선택한 후 [열기]
단추를 클릭합니다.

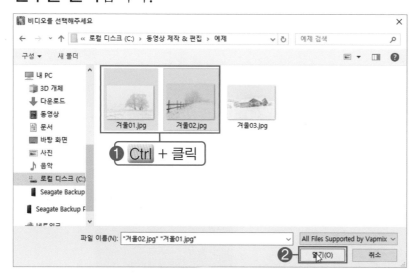

03 [영상편집] 탭에 불러온 사진들이 섬네일로 보여집니다. 사진을 더 추가하기 위해 **오른쪽의 [+사진·영상] 단추를 클릭**합니다.

04 [예제] 폴더에서 **'겨울03.jpg'를 선택**한 후 **[열기] 단추를 클릭**합니다.

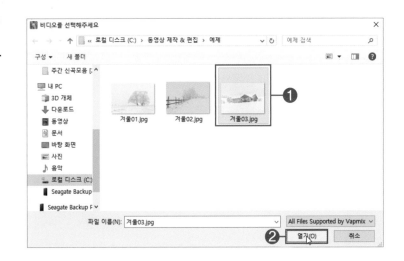

05 [영상편집] 탭의 첫 번째 사진 섬네일인 **'겨울01.jpg'를 선택**하고, 미리보기 창의 ▶**를 클릭**하여 사진들이 영상으로 제작된 것을 확인합니다.

02 영상 시간과 화면 조절하기

🖱 시간 조정하기

01 [영상편집] 탭에서 '겨울01.jpg' 섬네일 아래의 **[시간조절] 단추를 클릭**합니다.

02 사진의 노출 시간을 조절할 수 있는 [시간 조절] 창이 나타납니다. 시간 조절 단추(▲▼)를 클릭하여 노출 시간을 조절할 수 있습니다. **▲ 단추를 클릭**하여 노출 시간을 **7초**로 늘려줍니다.

03 모든 사진에 동일하게 적용하기 위해 **'모든 사진에 적용'에 체크**하고 **[확인] 단추를 클릭**합니다.

04 한꺼번에 모든 사진의 노출 시간이 조절되었습니다. 각 사진의 섬네일 하단의 노출 시간이 변경된 것과 총 재생 시간이 변경된 것을 확인합니다. 이후 미리보기 창의 ▶**를 클릭**하여 변경된 영상을 확인합니다.

화면 조절하기

01 [영상편집] 탭에서 '겨울01.jpg' 섬네일 아래의 **[화면조절]** 단추를 클릭합니다.

02 [화면 조절] 창이 나타나면 다음에 시작 화면은 그대로 두고 **[끝 화면]** 단추를 클릭한 후, 🔍 **단추를 2번 클릭**하여 크게 확대합니다. **화면을 드래그**하여 마지막 화면 위치 지정하고 **[확인]** 단추를 클릭합니다.

> **배움터** 시작 화면과 끝 화면에 확대와 드래그로 위치를 지정하면 시작 화면부터 끝 화면으로 장면이 천천히 시점이 바뀌어 지정한 마지막 화면 상태에서 다음 사진으로 넘어갑니다.

03 [영상편집] 탭에서 '겨울02.jpg' 섬네일 아래의 **[화면조절]** 단추를 **클릭**합니다. [시작화면]에서 🔍 **단추를 4번 클릭**하여 크게 확대합니다.

04 **[끝 화면]** 단추를 **클릭**하여 **화면**을 확인하고 **[확인]** 단추를 **클릭**합니다.

 ▶를 클릭하여 시작 화면에서 끝 화면의 이동화면을 확인할 수 있습니다. 마음에 들지 않으면 다시 시작화면이나 끝 화면을 설정합니다.

05 [영상편집] 탭에서 '겨울03.jpg' 섬네일 아래의 **[화면조절]** 단추를 클릭합니다. [시작 화면]은 그대로 두고, 그 후 **[끝 화면]** 단추를 클릭한 후 🔍 단추를 **2번** 클릭하여 확대하고, **화면을 드래그**하여 집이 가운데에 위치하게 지정합니다. **[확인]** 단추를 클릭합니다.

06 [영상편집] 탭에서 '겨울01.jpg'의 **섬네일을 클릭**하고, 미리보기 창의 ▶를 클릭합니다. 첫 번째 사진 영상은 점점 나무에 다가가는 것처럼 커지다가 두 번째 영상은 큰 나무로부터 점점 멀어지고, 세 번째 영상은 점점 집으로 다가가는 것처럼 영상이 끝납니다.

화면 전환 효과 지정하기

01 [영상편집] 탭에서 '겨울01.jpg'와 '겨울02.jpg' 섬네일 사이의 **[효과없음] 단추를 클릭**하면 전환 효과인 [오버랩효과]가 적용됩니다.

> **배움터** **오버랩 효과란?**
>
> 영상편집의 전환 효과 기법으로, 화면이 끝나기 전에 다음 화면을 겹치면서 먼저 화면이 서서히 사라지게 하는 기법입니다. 화면이 겹치는 부분이 있어서 오버랩 효과를 할 경우 재생 시간이 줄어듭니다. 현재 뱁믹스는 오버랩 효과만 지원하고 있습니다.

02 [영상편집] 탭에서 '겨울02.jpg'와 '겨울03.jpg' 섬네일 사이의 **[효과없음]을 클릭**합니다. 미리보기 창의 ▶를 **클릭**하여 장면 사이에서 두 장면이 겹쳐 보이는 오버랩 효과를 확인합니다.

> 오버랩 효과를 2번 추가함에 따라서 총 재생 시간이 21초에서 19초로 감소했습니다.

프로젝트 파일과 동영상 파일 저장하기

프로젝트 파일 저장하기

01 영상 편집을 끝마치고 저장하려면 **[저장] 탭을 클릭**합니다.

02 작업 내역을 저장하여 나중에 수정할 수 있게 저장하려면 **[프로젝트 파일 저장] 단추를 클릭**합니다.

> **배움터** 프로젝트 파일을 정상적으로 열기 위해서는 사용한 원본 파일(사진, 동영상, 배경 음악)의 폴더 경로와 이름을 변경하지 않는 것이 좋습니다.

03 [다른 이름으로 저장] 대화상자가 나타나면 **저장 경로를 설정**한 후 파일 이름에 **'겨울'이라고 입력**하고 **[저장] 단추를 클릭**합니다. 지정한 저장 경로로 저장되었다는 창이 나타나면 **[확인] 단추를 클릭**합니다.

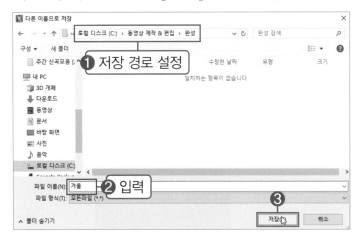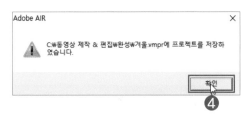

> **배움터** 프로젝트 파일은 Ctrl + S 키를 눌러도 저장되므로, 작업 중에 수시로 Ctrl + S 키를 눌러 저장하는 것이 좋습니다.

동영상 파일 저장하기

01 동영상 파일로 저장하기 위해서는 **[동영상 파일 저장] 단추를 클릭**합니다. [저장 상세설정] 창이 나타나면 **[화면크기]의 펼침 단추(▼)를 클릭**하여 **'1280 X 720 (16:9)'으로 설정**합니다.

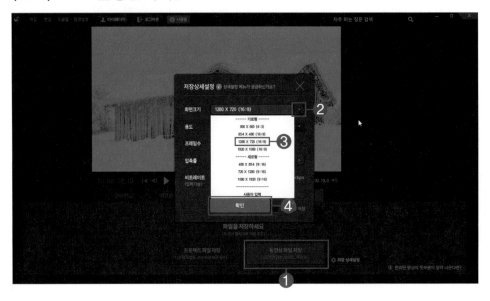

02 [용도]의 펼침 단추(▼)를 클릭하여 '인터넷 업로드 (mp4)'로 설정합니다. 프레임 수, 압축률, 비트레이트의 설정은 그대로 두고 [확인] 단추를 클릭합니다.

03 [동영상을 저장] 대화상자가 나타나면 **저장 경로를 설정**한 후 파일 이름에 **'겨울'** 이라고 **입력**하고 [저장] 단추를 클릭합니다.

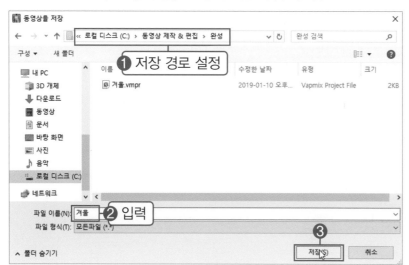

04 영상 병합이 진행되는 창이 완료되면 동영상 저장이 완료되었다는 창이 나타납니다. 저장 파일을 확인하기 위해 **[저장 폴더 열기]** 단추를 클릭합니다.

05 저장 폴더가 열리면 프로젝트 파일과 동영상 파일이 저장된 것을 확인할 수 있습니다. 동영상 파일을 **더블클릭**하면 동영상 관련 프로그램이 실행됩니다.

06 동영상 파일을 확인합니다.

1 뱁믹스에서 '홍콩.jpg'를 추가한 후 시작 화면을 사진의 왼쪽에서 시작해서 끝 화면을 오른쪽으로 끝나도록 설정해 봅니다. 사진의 노출 시간은 '10초'로 설정 합니다.

예제파일 : [예제] 폴더 / 홍콩.jpg

2 〈문제1〉에서 제작한 동영상을 다음처럼 설정한 '홍콩.mov'로 저장해 봅니다.
- 화면크기 : 1920 X 1080 (16:9)
- 용도 : PC 보관 (mov)

05 배경 음악 삽입하고 영상 편집하기

뱁믹스 프로그램에서는 동영상을 편집해서 불필요한 부분은 나누어 삭제할 수 있고, 동영상을 회전하고 확대/축소할 수 있습니다. 동영상의 속도를 조절하고 배경 음악을 삽입할 수도 있습니다. 동영상을 편집하는 방법에 대해서 알아보겠습니다.

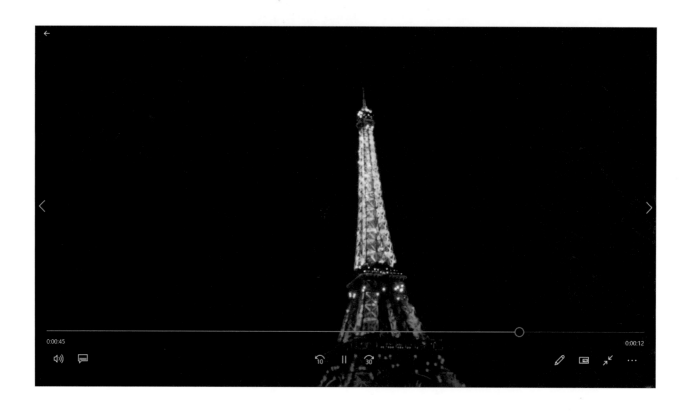

 무엇을 배울까요?

⋯› 뱁믹스에서 동영상 파일 불러오기
⋯› 동영상의 원음을 음소거하고, 음악 삽입하기
⋯› 동영상을 여러 개로 나누고 불필요한 부분 삭제하기
⋯› 동영상을 회전, 확대/축소하기

동영상 파일 불러오기

01 뱁믹스()를 실행한 후 [사진·영상 열기(🗁)] 단추를 클릭합니다.

02 [예제] 폴더에서 '에펠탑.mp4'를 선택한 후 [열기] 단추를 클릭합니다.

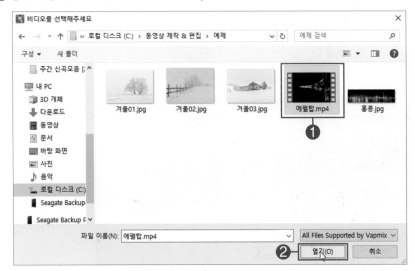

03 파일 불러오기가 완료되면 [영상편집] 탭에 '에펠탑.mp4' 섬네일이 보여집니다.

01 [영상편집] 탭에서 '에펠탑.mp4' 섬네일의 🔊 **단추를 클릭**합니다. 슬라이드를 위 아래로 드래그하여 볼륨을 조절할 수 있습니다.

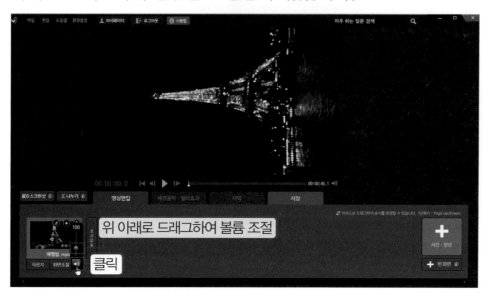

02 음소거하려면 [영상편집] 탭에서 '에펠탑.mp4' 섬네일의 🔊 **단추를 한번 더 클릭**합니다. 그 후 미리보기 창의 ▶**를 클릭**하여 동영상만 재생되고, 원음은 들리지 않는 것을 확인합니다.

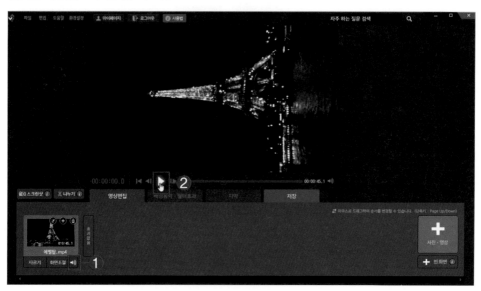

01 '에펠탑.mp4'의 동영상을 재생해보면 세로로 에펠탑을 촬영했다가 가로로 돌려서 촬영한 것을 알 수 있습니다. 세로에서 가로로 카메라를 돌리는 부분을 삭제하기 위해 먼저 동영상을 나누어야 합니다. [영상편집] 탭에서 '에펠탑.mp4' 섬네일의 **[자르기] 단추를 클릭**합니다.

02 [시간 조절] 창이 나타나면 세로에서 가로로 카메라를 돌리기 시작하는 부분인 '10'초 위치로 ✂를 **드래그**합니다. '10'초 위치에서 동영상을 두 개로 나누기 위해 **[나누기] 단추를 클릭**합니다.

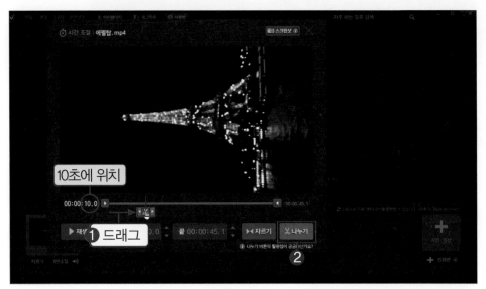

03 동영상이 두 개로 나뉘었습니다. [영상편집] 탭에서 두 번째 '에펠탑.mp4' 섬네일의 **[자르기] 단추를 클릭**합니다. 가로로 촬영이 시작되는 부분인 **'16.7'초 위치**로 ✂를 드래그한 후 **[나누기] 단추를 클릭**합니다.

04 세로에서 가로로 카메라를 돌리는 부분을 삭제하기 위해 [영상편집] 탭에서 두 번째 '에펠탑.mp4' 섬네일의 🗑를 클릭하여 **삭제**합니다.

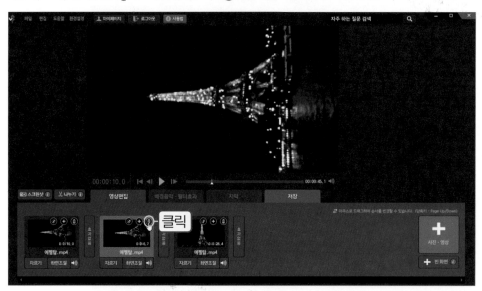

04 동영상 회전과 배속 조절하기

🐭 동영상 회전하고 확대하기

01 [영상편집] 탭에서 첫 번째 '에펠탑.mp4' 섬네일의 **[화면조절]** 단추를 클릭합니다.

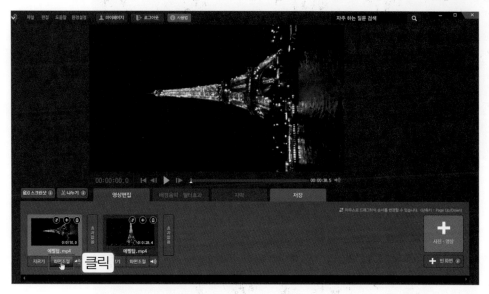

02 [화면 조절] 창에서 **[화면 회전]** 탭을 클릭합니다. 에펠탑을 시계방향으로 90도 회전하기 위해 ⟳ **단추를 클릭**합니다.

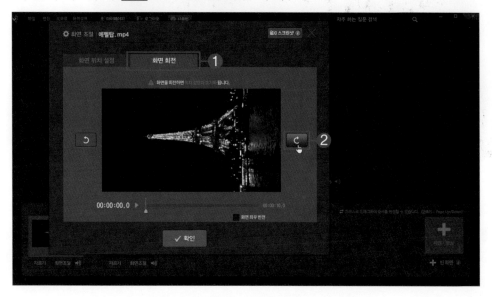

03 [화면 위치 설정] 탭을 클릭합니다.

04 동영상을 확대하기 위해 🔍 단추를 **3번 클릭**합니다. 동영상의 회전과 확대하는
설정이 완료되었으면 [확인] 단추를 클릭합니다.

배움터   사진 파일을 확대나 축소할 때는 시작 화면과 끝 화면을 설정할 수 있어서 사진으로
제작한 동영상은 서서히 커지거나 작아지게 설정할 수 있습니다. 그러나 동영상 파일
을 확대할 때는 시작 화면이나 끝 화면을 각각 설정할 수 없어서 동영상 파일의 특정
부분을 확대하거나 축소하려면 먼저 필요한 부분의 동영상을 나누어서 선택하여 설정
합니다.

🖱 동영상 배속 조절하기

01 동영상의 배속을 조절하기 위해 [영상편집] 탭에서 두 번째 '에펠탑.mp4' 섬네일의 🏃 를 **클릭**합니다.

02 두 번째 동영상의 재생 길이는 28.4초였습니다. [영상 속도 설정] 창이 나타나면 **[60%]로 조절하고 [확인] 단추를 클릭**합니다. 두 번째 동영상의 재생 시간이 47.4초로 늘어난 것을 확인합니다.

> 재생 시간이 늘어난 것을 확인합니다.

> 🔵 **배움터** 영상 속도가 100%로 이상이면 재생 속도가 빨라지고, 100%로 이하면 느려집니다.

05 배경 음악 설정하기

🖱 배경 음악 삽입하기

01 [배경음악·필터효과] 탭을 **클릭**합니다.

02 배경 음악을 추가하기 위해 오른쪽의 [+배경음악] 단추를 **클릭**합니다.

03 [배경 음악] 창에서 음악 파일을 불러오기 위해 **[찾아보기] 단추를 클릭**합니다. [예제] 폴더에서 **'배경음악.mp3'를 선택**하고, **[열기] 단추를 클릭**합니다.

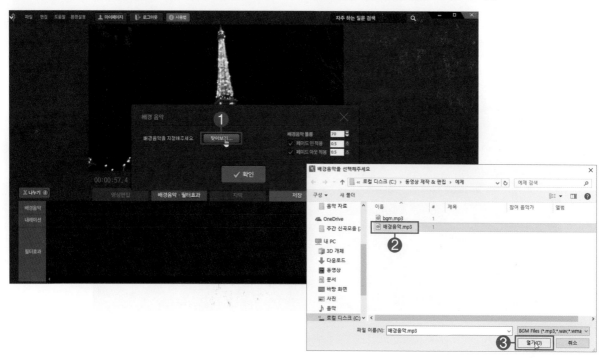

04 배경 음악이 서서히 들리다가 서서히 사라지게 하기 위해 **[페이드 인 적용]**에는 **[1초]**, **[페이드 아웃 적용]**에는 **[1.5초]**로 설정한 후 **[확인] 단추를 클릭**합니다.

배움터 페이드 인 & 페이드 아웃

페이드 인과 페이드 아웃은 음량이나 비디오 연출 용어입니다.
- 페이드 인 : 영상이나 음량이 꺼진 상태에서 설정값까지 점차적으로 증가하는 효과
- 페이드 아웃 : 영상이나 음량이 설정값에서 음량이 꺼질 때까지 점차적으로 감소하는 효과

05 영상 길이에 맞게 배경 음악이 맞춰졌습니다. 미리보기 창의 ▶를 **클릭**하면 영상에 맞춰 배경 음악이 서서히 흘러나오고 영상이 끝날 때 서서히 사라지는 것을 확인할 수 있습니다.

> **배움터** 영상보다 배경 음악이 길면 영상 길이에 맞게 자동으로 조절되지만, 영상보다 배경 음악이 짧으면 영상보다 짧게 배경 음악이 나오게 되므로 배경음악을 한 번 더 복사해서 맞춰야 합니다.

06 영상 편집을 끝마쳤으면 [저장] 탭을 클릭하여 [프로젝트 파일 저장] 단추를 클릭하여 '에펠탑.vmpr'저장합니다. 이후 [동영상 파일 저장] 단추를 클릭하고 [화면크기]는 '1280 X 720 (16:9)'로, [용도]는 'PC 보관 (mov)'으로 설정하고 [확인] 단추를 클릭합니다.

07 동영상 **저장 경로를 지정**한 후 에펠탑.mov'로 저장합니다.

1 뱁믹스에서 'Fish.mp4'를 추가한 후 '5.5초' 위치에서 동영상을 나누고, 첫 번째 동영상의 영상속도를 '50%'로 낮춰 봅니다. 📁 예제파일 : [예제] 폴더 / Fish.mp4

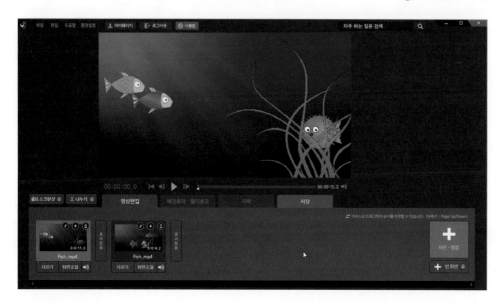

2 〈문제1〉에서 제작한 동영상에 'bgm.mp3' 배경 음악을 삽입하고, 페이드 인과 페이드 아웃은 '0.5초'로 적용해 봅니다. 📁 예제파일 : [예제] 폴더 / bgm.mp3

3 〈문제2〉에서 제작한 동영상을 'Fish.vmpr'의 프로젝트 파일과 다음처럼 설정한 'Fish.mp4'로 저장해 봅니다.

• 화면크기 : 1280 X 720 (16:9)
• 용도 : 인터넷 업로드 (mp4)

06 사진 안에 영상 삽입하고 편집하기

평소에 영상을 감상하다보면 영상 안에 영상이 재생되는 경우가 있습니다. 뱁믹스에서 사진 안에 영상을 삽입하고 원하는 시간에 재생하는 방법에 대해서 알아보겠습니다. 영상 순서를 바꿨을 때 발생하는 문제점을 재생 시간 변경으로 해결해 보고, 원하는 영상만 필터 효과를 적용하는 방법에 대해서도 알아보겠습니다.

무엇을 배울까요?

⋯ 사진 불러오고 고정하기
⋯ 사진 안에 영상 불러오기
⋯ 영상 안의 영상 재생 시간 조절하기
⋯ 영상 순서 변경하고 필터 적용하기

01

새 프로젝트에서 사진 파일 불러오기

01 실행되어 있는 뱁믹스(🖼) 프로그램에서 새 프로젝트를 시작하려면 **[파일] – [새 프로젝트 만들기]** 메뉴를 차례로 클릭합니다. 알림창이 나타나면 **[예]** 단추를 클릭합니다.

02 뱁믹스(🖼) 프로그램의 첫 화면이 나타나면 **[사진·영상 열기(●)]** 단추를 클릭합니다. 예제 폴더에서 **'눈사람.jpg'** 파일을 선택한 후 **[열기]** 단추를 클릭합니다.

03 [영상편집] 탭에서 '눈사람.jpg' 섬네일의 **[화면조절] 단추를 클릭**합니다. [화면 조절] 창이 나타나면 이미지를 고정하기 위해 **'이동과 확대 축소 사용'을 클릭하여 체크 해제**합니다.

> **배움터** 사진을 불러오면 뱁믹스에서는 자동으로 사진을 영상처럼 제작해 주는데, 사진을 고정 이미지로 배경 화면처럼 사용할 때는 '이동과 확대 축소 사용'을 체크 해제해서 사용해야 합니다.

04 이미지가 고정되면서 [시작 화면]과 [끝 화면]을 설정할 수 없게 되었습니다. **[확인] 단추를 클릭**합니다.

05 시간을 조절하기 위해 [영상편집] 탭에서 '눈사람.jpg' 섬네일의 **[시간조절] 단추**를 클릭합니다.

06 재생 시간을 '10초'로 설정한 후 [확인] 단추를 클릭합니다. 재생 시간 동안 사진이 노출됩니다.

02 사진 안에 영상 가져오기

01 '눈사람.jpg'의 재생 시간이 '**10초**'인 것을 확인한 후 [**자막**] 탭을 클릭합니다.

02 [**파일**] – [**영상 안에 비디오 가져오기**] 메뉴를 선택합니다. [예제] 폴더에서 '**새해 인사.mp4**' 파일을 선택한 후 [**열기**] 단추를 클릭합니다.

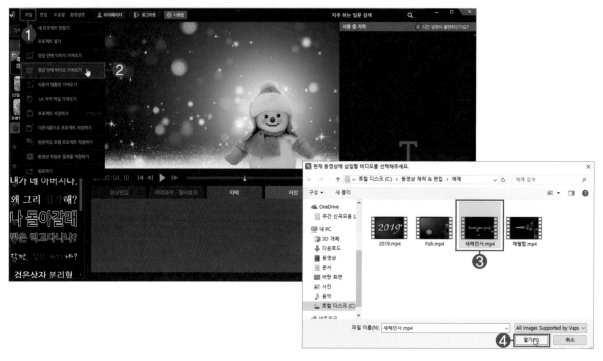

03 불러온 영상의 자르기 창이 나타납니다. 영상 그대로 삽입하려면 ✂를 클릭합니다.

04 눈사람 영상 안으로 영상 그대로 삽입되었습니다. 영상 크기가 화면보다 크게 삽입되었으므로, 영상 크기를 줄이기 위해 크기 조절점을 Shift 키를 누른 채 드래그해서 원하는 크기가 될 때까지 정비례로 줄여줍니다.

05 눈사람 영상이 진행 중일 때 'HAPPY NEW YEAR' 영상이 나오도록 시간을 설정하기 위해 [자막] 탭에서 **[시작]은 '02초', [끝]은 '09초'로 설정**합니다. 재생 바를 **처음으로 드래그**한 후 미리보기 창의 ▶를 **클릭**하여 영상을 확인합니다.

배움터 영상 안에 영상의 일부분을 잘라서 삽입하려면

불러온 영상의 조절점을 드래그하여 원하는 부분만 남긴 다음 ●를 클릭합니다. 그러면 영상 안에 자르고 남긴 부분만 삽입이 됩니다. 크기 조절점과 Shift 키를 눌러 크기를 조절하고 알맞은 곳에 위치시킵니다.

03 영상 순서 변경하기

01 [영상편집] 탭을 클릭한 후 영상을 불러오기 위해 [+사진·영상] 단추를 클릭합니다. [예제] 폴더에서 '2019.mp4'를 선택한 후 [열기] 단추를 클릭합니다.

02 추가한 '2019.mp4' 섬네일을 드래그해서 '눈사람.jpg' 섬네일 앞으로 가져갑니다. 영상의 순서가 변경됩니다.

03 미리보기 창의 ▶를 **클릭**하여 영상을 확인하면 '눈사람' 영상 안에 삽입한 'HAPPY NEW YEAR' 영상이 '2019' 영상 안에서 재생됩니다.

04 [자막] 탭을 **클릭**한 후 [시작]은 '20초 3프레임', [끝]은 '27초 3프레임'으로 **설정**하여 'HAPPY NEW YEAR' 영상이 '눈사람' 영상에서 재생되게 시간을 설정합니다.

영상에 필터 효과 넣기

01 [영상편집] 탭을 클릭한 후 '눈사람.jpg' 섬네일을 선택한 후 필터 효과를 넣기 위해 [배경음악·필터효과] 탭을 클릭합니다.

02 재생 바가 눈사람이 시작하는 곳에 위치해 있습니다. [+필터] 단추를 클릭합니다.

03 [필터 선택] 창에서 [추억일기]를 선택하고, [확인] 단추를 클릭합니다.

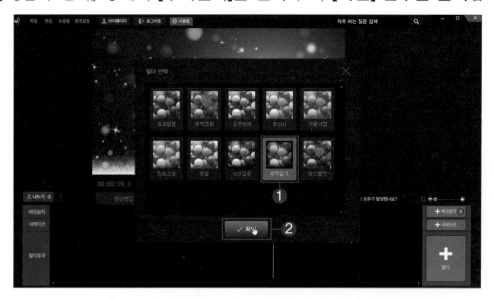

04 시작 부분에 삽입된 [추억일기] 필터를 '눈사람.jpg' 재생바에 맞게 드래그해서 위치를 옮깁니다. 눈사람 영상이 재생되는 동안 필터를 적용하기 위해 필터 끝에 마우스를 위치시켜 **마우스 포인터의 모양이 ↔일 때 영상이 끝나는 지점까지 드래그합니다.**

> **배움터** 필터를 삽입했을 때 적용되는 기본 시간은 3초이므로, 필터가 원하는 시간까지 적용되도록 드래그해야 합니다.

05 재생 바를 처음으로 이동한 후 미리보기 창의 ▶를 클릭하여 영상을 확인합니다. 눈사람 영상에 필터가 적용되어 2019 영상의 모서리와 비슷하게 꾸며졌습니다.

06 [저장] 탭을 클릭하여 [프로젝트 파일 저장] 단추를 클릭하여 '새해.vmpr' 파일로 저장하고, [동영상 파일 저장] 단추를 클릭하여 '새해.mp4'로 저장합니다.

1 뱁믹스에서 'baby.jpg'를 추가한 후 고정 이미지를 만들고, 영상의 재생 길이는 '20초'로 설정해 봅니다.

🔁 예제파일 : [예제] 폴더 / baby.jpg

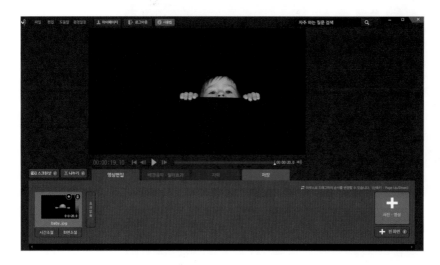

2 〈문제1〉에서 제작한 동영상이 진행하는 중에 '별.mp4'가 재생되도록 다음처럼 설정해 봅니다.

🔁 예제파일 : [예제] 폴더 / 별.mp4

- 시작 : 2초
- 끝 : 17초

3 〈문제2〉에서 제작한 동영상을 'baby.vmpr'의 프로젝트 파일과 다음처럼 설정한 'baby.mp4'로 저장해 봅니다.

- 화면크기 : 1280 X 720 (16:9)
- 용도 : 인터넷 업로드 (mp4)

자막 넣어 영상 편집하기

동영상을 제작할 때 자막은 영상의 재미와 활기를 배가시켜 줄 수 있으므로, 적절한 곳에 자막을 추가하는 것이 좋습니다. 이번 장에서는 자막을 삽입하는 방법과 자막 스타일을 변경하는 방법, 자막이 나타났다 사라지게 할 수 있는 재생 시간 설정 방법과 효과음을 넣는 방법까지 알아보겠습니다.

 무엇을 배울까요?

··· 스크린샷으로 사진 저장하고 흑백영화 필터 적용하기
··· 빈 화면 추가하고 페이드 인, 페이드 아웃 효과 적용하기
··· 자막 삽입하고 스타일 변경하기
··· 자막 시간 설정 및 자막에 특수 문자와 효과음 넣기

01 동영상 파일 불러오기

01 뱁믹스(📷)를 실행한 후 [사진·영상 열기(📁)] 단추를 클릭합니다.

02 [예제] 폴더에서 '소녀.mp4'를 선택한 후 [열기] 단추를 클릭합니다.

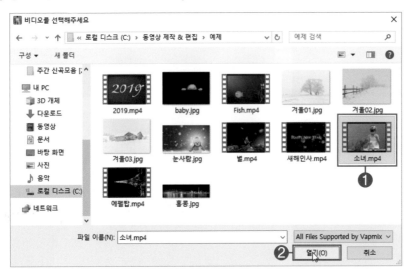

영상 나누고 스크린샷 넣기

🖱 현재 화면을 스크린샷으로 사진 저장하기

01 [영상편집] 탭에서 '소녀.mp4' 섬네일의 [**자르기**] 단추를 클릭합니다. '6.2'초 위치로 ✂를 드래그한 후 [**스크린샷**] 단추를 클릭합니다. 현재 화면을 사진으로 저장할 수 있습니다.

> **배움터** [스크린샷] 단추에 있는 ❶를 클릭하면 활용 방법을 확인할 수 있습니다.

02 대화상자가 나타나면 **저장 경로를 설정**한 후 [**저장**] 단추를 클릭합니다. ✂ 가 위치한 곳을 기준으로 나누기 위해 [**나누기**] 단추를 클릭합니다.

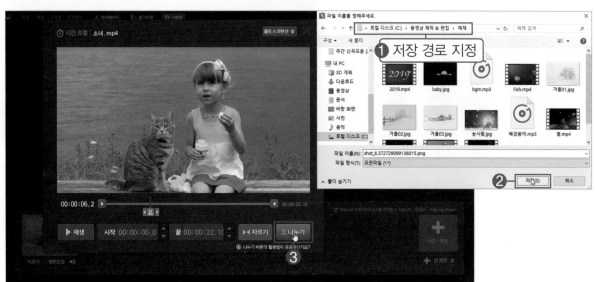

🖱 스크린샷 한 사진을 영상 사이에 넣기

01 동영상이 두 개로 나뉜 것을 확인한 후 스크린샷 사진을 추가하기 위해 [+사진·영상] 단추를 클릭합니다. [예제] 폴더에서 **스크린샷 사진을 선택**한 후 [열기] 단추를 클릭합니다.

02 [영상편집] 탭의 '소녀.mp4' 섬네일 사이에 **스크린샷 사진 섬네일을 드래그**해서 위치를 옮깁니다.

03 [영상편집] 탭에서 스크린샷 사진 섬네일의 **[화면조절]** 단추를 클릭합니다.

04 [화면 조절] 창에서 '**이동과 확대 축소 사용**'을 체크 해제하고, **[확인]** 단추를 클릭합니
다. 스크린샷 사진이 영상이 아니라 고정된 사진 이미지로 보입니다.

05 [영상편집] 탭에서 스크린샷 사진 섬네일의 **[시간조절] 단추를 클릭**합니다.

06 [시간 조절] 창에서 **시간을 '3초'로 설정**한 후 **[확인] 단추를 클릭**합니다. [영상편집] 탭에서 스크린샷 사진 섬네일의 시간이 '3초'로 변경되었습니다. 미리보기 창의 ▶를 클릭하면 영상 사이에서 스크린샷 사진이 정지된 화면처럼 보이는 것을 확인할 수 있습니다.

03 빈 화면 추가하기

01 [영상편집] 탭에서 **[+빈 화면] 단추를 클릭**합니다. [빈 화면 색상 지정] 창에서 **'검은색'을 선택**합니다.

02 빈 화면이 추가되었습니다. **빈 화면을 드래그**해서 맨 앞으로 옮깁니다. 검은색 빈 화면의 바로 뒤에 있는 **[효과없음]을 클릭**하여 [오버랩효과]를 적용합니다.

> **배움터** 뱁믹스에서는 전환 효과로 아직 페이드 인, 페이드 아웃 효과를 제공하지 않고 있는데, 빈 화면을 추가해서 오버랩 효과를 적용하면 페이드 인, 페이드 아웃 효과처럼 서서히 화면이 나타나고, 사라지게 할 수 있습니다.

03 같은 방법으로 마지막에 검은색 **빈 화면을 추가**하고, 빈 화면 앞에 **오버랩 효과를 적용**합니다.

04 미리보기 창의 ▶를 **클릭**하여 페이드 인 효과와 페이드 아웃 효과를 확인합니다.

04 스크린샷 사진에 흑백 필터 적용하기

01 [영상편집] 탭에서 **스크린샷 사진의 섬네일을 선택**한 후 **[배경음악·필터효과] 탭**을 클릭합니다.

02 재생 바가 스크린샷 사진이 시작하는 지점에 위치하고 있습니다. 필터를 적용하기 위해 **[+필터] 단추를 클릭**합니다. **[필터 선택]** 창이 나타나면 **[흑백영화]를 선택**한 후 **[확인] 단추를 클릭**합니다.

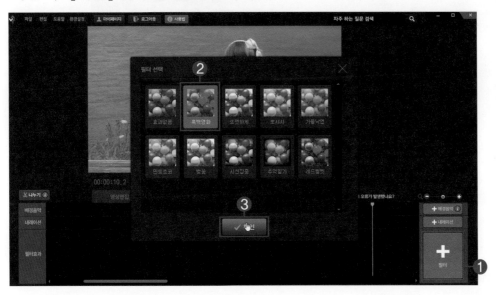

03 시작 부분에 삽입된 [흑백영화] 필터를 스크린샷 사진의 재생 바에 맞게 **드래그 해서** 위치를 옮깁니다. 필터 기본 시간이 3초이기 때문에 스크린샷 사진의 재생 길이에 딱 맞습니다.

04 미리보기 창의 ▶를 **클릭**하면 동영상이 진행되다가 정지된 화면이 흑백으로 강조됨을 알 수 있습니다.

배움터 스크린샷 사진에 빈 화면을 추가하기 전에 필터를 적용할 경우 재생 시간이 밀려서 스크린샷 사진 부분으로 다시 필터를 옮겨야 하므로, 빈 화면을 추가한 후에 필터를 적용하는 것이 좋습니다.

05 자막 넣기

🖱 자막 삽입하기

01 [영상편집] 탭을 클릭하고 맨 앞의 **빈 화면 섬네일을 선택**한 후 **[자막] 탭을 클릭**합니다.

02 [무료자막]이 선택되어 있습니다. [기본 자막] 목록에서 사용할 자막으로 마우스를 가져가 **[넣기]를 클릭**합니다.

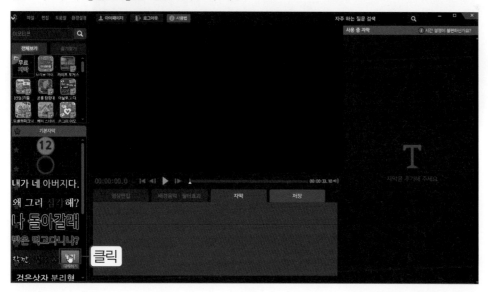

> **배움터** **유료자막**
>
> 왼쪽 상단에서 다른 자막 폴더를 선택하면 아래쪽 자막 목록이 자물쇠로 표시되고 비활성화되어 있습니다. 이 자막들은 유료 자막으로서, [넣기]를 클릭하면 아이템샵으로 이동할 수 있는 창이 나타납니다.

03 삽입된 **자막을 클릭**하면, 커서가 표시되고 수정상태가 됩니다.

04 '**소녀와 고양이**'라고 **입력**하고, '**소녀**'를 **블록 지정**한 후 [자막] 탭의 [스타일]에서 **자막 스타일을 선택**합니다.

05 '고양이'도 **블록 지정**한 후 **자막 스타일을 선택**합니다. 사용 중인 자막 레이어는 오른쪽에서 확인할 수 있습니다.

06 자막의 크기 조절점을 원하는 크기가 될 때까지 Shift 키를 **누른 채 드래그**합니다. 화면 기준 정렬에서 화면 정중앙에 자막을 배치하기 위해 단추를 클릭합니다.

🙌 자막에 특수 문자와 효과음 넣기

01 재생 바를 '8.9초' 위치로 드래그하고, 삽입할 자막을 선택해 [넣기] 단추를 클릭합니다.

> 🔵 **배움터** 자막 목록 중 삽입할 자막을 더블클릭해도 영상에 삽입됩니다.

02 자막을 클릭하여 커서가 생기면 '뭐냥'이라고 입력한 후, ㅁ 키를 누르고 한자 키를 누르면 기호 창이 표시됩니다. 여기서 원하는 '↗'를 선택합니다. 오른쪽에 '뭐냥'이라는 자막 레이어가 새로 생겼습니다.

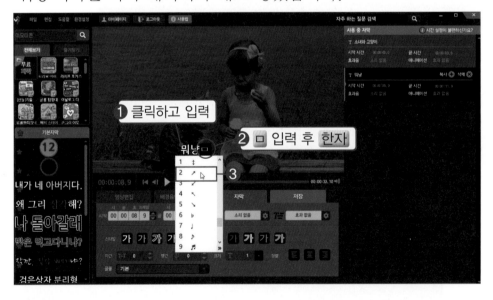

> 🔵 **배움터** ㅁ 키 뿐만 아니라 다른 한글 자음을 입력한 후 한자 키를 누르면 다양한 특수 문자를 넣을 수 있습니다.

03 화살표를 블록 지정하고 자막 스타일을 선택한 후 화면을 클릭합니다.

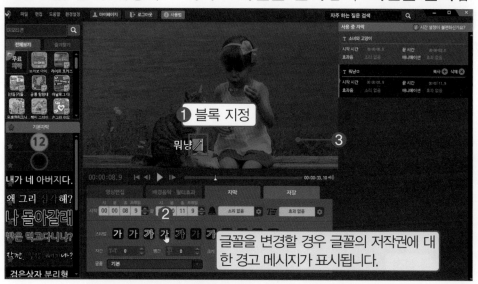

04 자막 선택하여 드래그해서 원하는 곳으로 옮기고, 회전 핸들 (◎)을 시계 반대 방향으로 드래그하여 회전합니다.

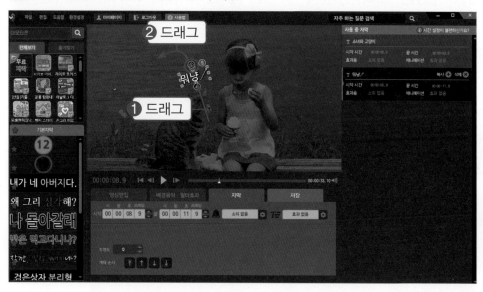

05 [자막] 탭에서 [시작]은 '8초 9프레임'으로 [끝]은 '9초 9프레임'으로 설정한 후 [소리 없음]의 ⚙를 클릭합니다.

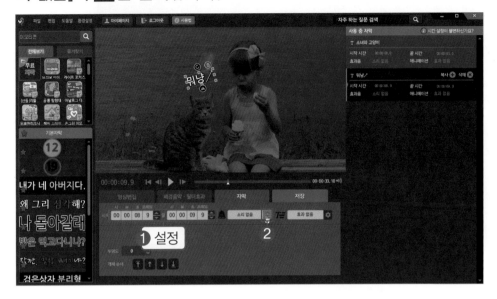

06 [시작 효과음] – [방송 효과음]에서 '튕김음'을 선택하고, 효과음 크기는 '20'으로 설정한 후 [닫기]를 클릭합니다.

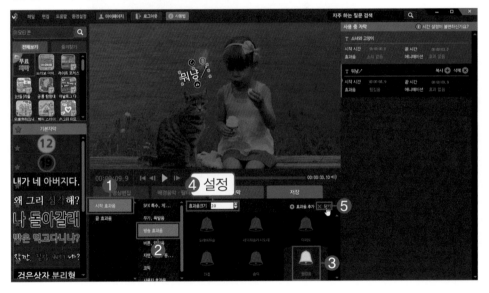

 효과음 크기에서 효과음의 크기를 변경할 수 있으나, 효과음은 기본 설정인 '20'이 적당합니다.

07 흑백의 스크린샷 사진이 시작되는 곳에 '**깜짝 놀랐다냥**\' 라고 입력한 후, **블록 지정**한 후, '**깜짝**'과 '****'의 **자막 스타일을 설정**합니다. 화면의 빈 곳을 클릭합니다.

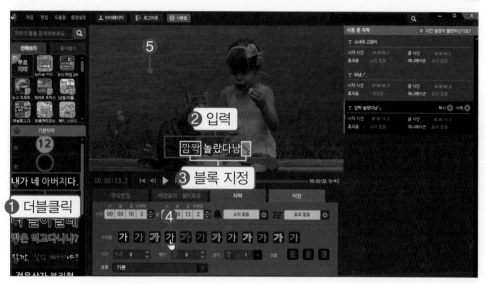

배움터 자막 대체하기

영상에 추가한 자막은 오른쪽에 목록으로 나열됩니다. 변경하고 싶은 자막을 선택하면 미리보기 창에 해당 자막이 나타납니다. 미리보기 창에서 자막을 선택하고, 기본 자막 목록 중 변경할 자막 위로 마우스를 가져가서 [대체하기]를 클릭하면 미리보기 창에서 자막이 변경된 것을 확인할 수 있습니다.

08 ■ 단추를 클릭해 자막을 중앙에 정렬합니다. 자막의 [시작]은 '10초 5프레임', [끝]은 '13초 5프레임'으로 설정합니다. 이 후 자막 [소리 없음]의 ⚙를 클릭합니다.

09 효과음은 [시작 효과음] – [코믹]에서 '고무줄 늘어지는 소리'로 설정한 후 닫습니다.

10 미리보기 창의 ▶를 **클릭**하여 처음부터 끝까지 영상과 자막, 효과음 등이 잘 나
오는지 감상합니다.

11 [저장] 탭을 **클릭**하여 [프로젝트 파일 저장] 단추를 **클릭**하여 '소녀.vmpr'로 저장
하고, [동영상 파일 저장] 단추를 **클릭**하여 영상을 '소녀.mp4'로 저장합니다.

1 뱁믹스에서 '승부.mp4'를 불러온 후 1초 3프레임의 장면을 스크린샷하고, 두 개의 영상으로 나눕니다. 스크린샷한 사진을 두 영상 사이로 옮긴 후 '흑백영화' 필터를 적용해 봅니다.

📁 예제파일 : [예제] 폴더 / 승부.mp4

2 〈문제1〉에서 제작한 동영상에 다음처럼 자막을 추가하고, 시작과 끝 시간, 효과음을 설정해 봅니다.

- 내용 : 액션 ↗
  - ◦ 시작 : 1초 7프레임　　　　　　　　　◦ 끝 : 3초 7프레임
  - ◦ 시작 효과음 : [SFX 특수, 게임..] − [고고고]

3 〈문제2〉에서 제작한 동영상을 '승부.vmpr'의 프로젝트 파일과 다음처럼 설정한 '승부.mp4'로 저장해 봅니다.

- 화면크기 : 1920 X 1080 (16:9)
- 용도 : 인터넷 업로드 (mp4)

08 내레이션과 효과음 넣어 영상 편집하기

뱁믹스에서는 동영상에 내레이션을 직접 녹음하여 삽입할 수 있고, 배경 음악을 분리하여 특정 부분만 작게 또는 크게 설정할 수 있습니다. 길게 입력해야 하는 자막을 분리하여 새로운 레이어에 입력하는 방법과 인터넷에서 다운로드한 효과음을 뱁믹스의 자막에 효과음으로 추가하는 방법까지 알아보겠습니다.

 무엇을 배울까요?

··· 내레이션 녹음하기
··· 삽입한 배경 음악 분리 및 특정 부분의 배경 음악 볼륨 조절하기
··· 자막 레이어 분리하기
··· 사용자 효과음 추가하기

동영상 파일 불러오기

01 뱁믹스(🖥)를 실행한 후 [사진·영상 열기(📁)]를 클릭한 후 [예제] 폴더에서 '**여행.mp4**'를 선택한 후 [열기] 단추를 클릭합니다.

02 미리보기 창의 ▶를 클릭하여 영상을 재생하면 원음에 잡음이 들리므로, 🔊 단추를 2번 클릭하여 원음을 음소거합니다.

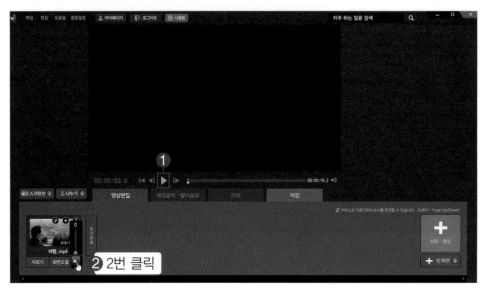

02 내레이션 녹음하기

01 [배경음악·필터효과] 탭을 클릭한 후 [+ 내레이션] 단추를 클릭합니다.

02 [내레이션 추가] 창에서 [녹음] 단추를 클릭합니다.

배움터 PC에 따라 녹음 기능이 정상적으로 작동하지 않는 경우에는 PC에 기본적으로 설치되어 있는 녹음 장치로 내레이션을 녹음하여 불러와서 삽입할 수 있습니다.

03 [내레이션 녹음] 창에서 **[녹음] 단추를 클릭**한 후 내 목소리로 내레이션을 읽어 녹음합니다. 녹음이 끝나면 **[중지] 단추를 클릭**합니다.

[내레이션 추가] 창에서 [내 컴퓨터] 단추를 클릭하면 [내레이션] 창에서 [찾아보기] 단추를 클릭하여 내레이션 파일을 불러온 다음 [확인] 단추를 클릭하여 삽입할 수 있습니다.

내레이션의 볼륨을 조절합니다.

04 **저장 경로를 설정**한 후 **[저장] 단추를 클릭**하여 내레이션 녹음한 파일을 저장합니다.

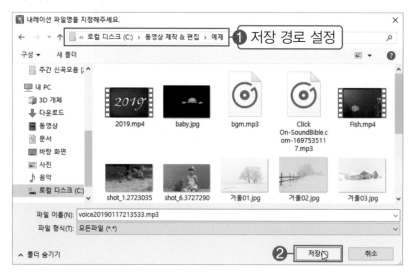

03 배경 음악 넣고 분리하기

🖱 배경 음악 나누기

01 재생 바를 맨 앞으로 **드래그해서** 옮긴 후, 배경 음악을 삽입하기 위해 **[+배경음악] 단추를 클릭**합니다. 배경 음악 창이 나타나면 **[찾아보기] 단추를 클릭**합니다.

02 [예제] 폴더에서 **'분리음악.mp3'를 선택**한 후 **[열기] 단추를 클릭**합니다.

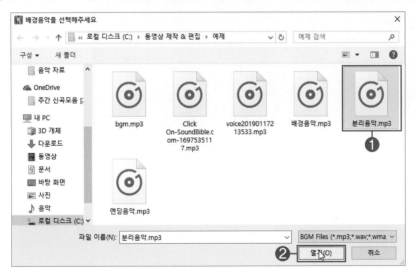

03 배경 음악 볼륨 설정은 기본 그대로 두고 **[확인]** 단추를 클릭합니다.

04 원하는 곳에서 배경 음악을 나누기 위해 왼쪽 상단의 **[나누기]** 단추를 클릭합니다.

05 배경 음악으로 삽입한 '분리음악.mp3' 위로 마우스를 가져가면 마우스 포인터의 모습이 ✂ 모양으로 보입니다. 내레이션이 끝나는 지점과 같은 지점을 **'분리음악.mp3' 위에서 클릭**하여 배경 음악을 나눠줍니다.

> **배움터** 내레이션이 나올 때 배경 음악의 볼륨을 작게 조절하기 위해 배경 음악을 먼저 나눠 줘야 합니다.

06 배경 음악 나누기의 작업을 마무리 하려면 왼쪽 상단의 **[나누기]** 단추를 다시 클릭합니다.

🔟 배경 음악의 특정 부분만 볼륨 조절하기

01 배경 음악 중 분리된 앞부분 **'분리음악.mp3'의 ✏️** 를 **클릭**합니다.

02 [배경음악 볼륨]은 '10'으로, [페이드 인 적용]은 '1초'로, [페이드 아웃 적용]은 체크 해제로 설정하고 [확인] 단추를 클릭합니다.

03 배경 음악 중 분리된 **뒷부분 '분리음악.mp3'의 ⬤ 를 클릭**합니다.

04 [배경음악 볼륨]은 '40'으로, [페이드 인 적용]은 체크 해제하고, [페이드 아웃 적용]은 '1초'로 설정한 후 [확인] 단추를 클릭합니다.

05 미리보기 창의 ▶를 **클릭**하여 내레이션이 나올 때 배경 음악의 볼륨이 어떤지 확인하고, 동영상이 끝나갈 때 배경 음악이 페이드 아웃되는지도 확인합니다.

04 자막 레이어 분리하기

'검은상자 분리형' 자막 삽입하기

01 자막을 입력하기 위해 **[자막] 탭을 클릭**합니다.

02 재생 바를 '8.1초' 위치하게 드래그하고, 검은상자 분리형' 자막을 선택하여 [넣기]를 클릭합니다.

03 삽입된 자막을 클릭하면 커서가 생깁니다. '남자저쪽이 바르셀로나 중심부야.'라고 입력한 후 '남자' 다음에 커서를 위치시키고, `ㄷ` 키를 누른 후 `한자` 키를 누릅니다. 특수문자 중 '♠'를 선택합니다.

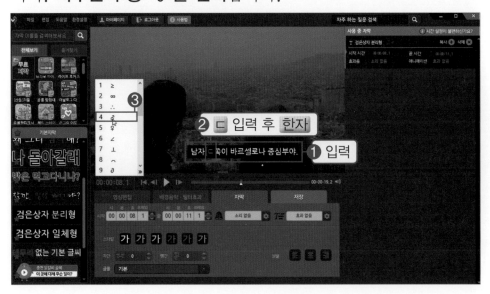

04 '♠'를 블록 지정한 후 노란색 계열의 자막 스타일을 선택하고, '저쪽이~'부터 끝까지 블록 지정하고, 분홍색 계열의 자막 스타일을 선택합니다.

05 검은상자의 크기 조절점에 마우스를 대고 마우스 포인터의 모양이 ↔일 때 글자보다 길게 드래그합니다.

06 자막을 중앙에 정렬하기 위해 **화면을 클릭**한 후 ▣ **단추를** 클릭합니다.

🖐 자막 레이어 분리하기

01 자막이 길어질 때 먼저 **자막을 클릭**하여 수정 모드로 만든 후 **자막이 끝나는 시간으로 재생 위치를 동일하게 이동**시킵니다. **자막 끝에 커서를 위치**시키고, Ctrl 키를 누른 채 Enter 키를 누릅니다.

> **배움터** 자막을 분리할 때 Ctrl + Enter 키를 이용할 수 있습니다. 자막이 길어질 때 글을 분리해서 쓸 수 있어 편리합니다.

02 이어서 자막을 작성할 수 있도록 새로운 자막 레이어가 만들어졌습니다.

03 자막을 **입력**하고, **스타일을 설정**합니다.

04 그 전 자막 레이어로 이동하려면 오른쪽 상단의 **'남자~' 레이어를 클릭**하면 해당 레이어의 자막을 확인할 수 있습니다.

05 자막에 사용자 효과음 추가하기

01 자막에 효과음을 추가하기 위해 [소리 없음]의 ⚙️를 클릭합니다.

02 [시작 효과음] – [사용자 효과음]을 클릭한 후 [효과음 추가]를 클릭합니다. 1장에서 다운로드 받은 'Click' 효과음을 선택한 후 [열기] 단추를 클릭합니다.

> **배움터** 뱁믹스에서는 기본으로 제공하는 효과음 외에 사용자 효과음에서 내 컴퓨터에 있는 효과음을 불러와서 추가할 수 있어서 더욱 다양한 효과음으로 꾸밀 수 있습니다.

03 사용자 효과음이 추가되었으면 [닫기]를 클릭합니다.

04 오른쪽 자막 두 번째 레이어를 선택한 후 [소리 없음]의 ⚙를 클릭하고, [시작 효과음] – [사용자 효과음]을 클릭합니다. 추가되어 있는 사용자 효과음이 선택된 것을 확인한 후 [닫기]를 클릭합니다.

05 미리보기 창의 ▶를 **클릭**하여 자막이 연속해서 나타나고, 효과음도 제대로 나오는지 확인합니다.

06 [저장] 탭을 **클릭**하여 [프로젝트 파일 저장] 단추를 **클릭**하여 '여행.vmpr' 파일로 저장하고, [동영상 파일 저장] 단추를 **클릭**하여 '여행.mp4'로 저장합니다.

1 뱁믹스에서 '펭귄.mp4'를 불러온 후 '2초'부터 다음 내용의 내레이션이 나오게 직접 본인 목소리를 녹음해 봅니다.

· 내레이션 : 펭귄 세 마리가 즐겁게 놀고 있습니다.　　　　🔘 예제파일 : [예제] 폴더 / 펭귄.mp4

2 〈문제1〉에서 제작한 동영상에 다음처럼 긴 자막을 레이어 3개로 분리해 봅니다.

· 펭귄1@우리 저쪽으로 걸어갈까?　→ 시작 : 7초 3프레임, 끝 : 10초 3프레임, 효과음 : 딩동
· 펭귄2@좋아! 나도 따라갈래～　　→ 시작 : 10초 3프레임, 끝 : 13초 3프레임, 효과음 : 딩동
· 펭귄3@어디가는건데? 수영하려고?→ 시작 : 13초 3프레임, 끝 : 16초 3프레임, 효과음 : 딩동

3 〈문제2〉에서 제작한 동영상을 '펭귄.vmpr'의 프로젝트 파일과 다음처럼 설정한 '펭귄.mp4'로 저장해 봅니다.

· 화면크기 : 1280 X 720 (16:9)
· 용도 : 인터넷 업로드 (mp4)

09 사진과 동영상으로 영상 편집하기

뱁믹스에서는 사진과 동영상을 한꺼번에 불러와서 사진과 동영상을 확대/축소하여 편집할 수 있습니다. 자막을 삽입하여 효과음을 넣고, 애니메이션을 적용할 수 있습니다. 여러 자막을 삽입하여 재생 시간을 달리하고 스타일을 다르게하여 영상을 편집할 수 있습니다.

무엇을 배울까요?

⋯ 사진과 동영상 확대하고 순서 변경하기
⋯ 동영상 자르기
⋯ 자막에 애니메이션 적용하기
⋯ 여러 자막 삽입하기

01 사진과 동영상 파일 불러오기

01 뱁믹스(📷)를 실행한 후 [사진·영상 열기(📁)] 단추를 클릭한 후, [예제] 폴더에서 Ctrl 키를 누른 채 '코끼리사진.jpg', '풍선.mp4'를 선택하고 [열기] 단추를 클릭합니다.

02 [영상편집] 탭에 '코끼리사진.jpg' 사진과 '풍선.mp4' 동영상이 불러와진 것을 확인합니다.

02 사진 움직임 조절하기

01 [영상편집] 탭에서 '코끼리사진.jpg' 섬네일의 **[화면조절] 단추를 클릭**합니다. [화면 조절] 창의 [시작 화면]에서 <kbd>@</kbd> **단추를 3번 클릭**하여 확대한 후 **위쪽으로 화면을 드 래그하여** 위치시킵니다.

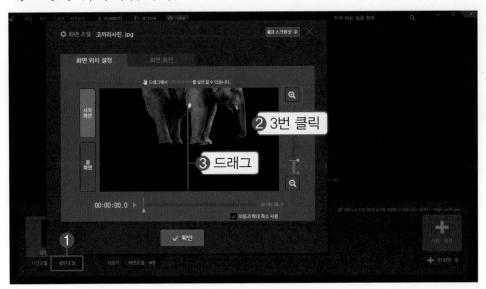

02 [끝 화면]을 클릭한 후 코끼리가 바닥에 닿도록 **화면을 아래쪽으로 드래그**한 후 **[확 인] 단추를 클릭**합니다.

03 [영상편집] 탭에서 '**풍선.mp4**' **섬네일을 드래그**하여 '코끼리사진.jpg' 섬네일의
앞으로 옮깁니다.

04 미리보기 창의 ▶ 를 **클릭**하면 코끼리가 열기구에 매달려 왼쪽에서 오른쪽으로
날아가고, 위에서부터 아래 땅으로 내려옵니다.

🖱 예제파일 : [예제] 폴더 / 엔딩음악.mp3

03 동영상 좌우 반전하기

🖱 동영상 좌우 반전과 자르기

01 [영상편집] 탭에서 '풍선.mp4' 섬네일의 **[화면조절] 단추를** 클릭합니다. [화면 조절] 창에서 동영상의 양쪽 끝이 검게 보입니다. 오른쪽에 **확대/축소 바를 약간 위로 드래그**해서 화면에 검은색이 보이지 않게 꽉 채워줍니다.

02 화면 조절 창에서 **[화면 회전] 탭을 클릭**한 후 동영상을 좌우 반전하기 위해 '**화면 좌우 반전'에 체크**하고, **[확인] 단추를** 클릭합니다.

03 [영상편집] 탭에서 '풍선.mp4' 섬네일의 **[자르기] 단추를 클릭**합니다. 불필요한 영상을 잘라내기 위해 **왼쪽 화살표(▶)는 시작 위치를, 오른쪽 화살표(◀)는 끝 위치를 지정**합니다.

> **배움터** 직접 시작 시간과 끝 시간을 입력하여 남길 선택 영역을 설정할 수 있습니다.

04 자르기할 영역이 설정되었으면 **[자르기] 단추를 클릭**합니다. 선택 영역만 남고 불필요한 영상은 삭제됩니다.

🖱 배경 음악 삽입하기

01 영상 전체에 배경 음악을 삽입하기 위해 **[배경음악·필터효과]** 탭을 클릭합니다. **[+배경음악]** 단추를 클릭합니다.

02 [배경 음악] 창에서 **[찾아보기]** 단추를 클릭하여 [예제] 폴더에서 '**엔딩음악.mp3**' 를 삽입한 다음 [배경 음악 볼륨]은 '70'으로, [페이드 인 적용]과 [페이드 아웃 적용]은 각각 '1초'로 설정한 후 **[확인]** 단추를 클릭합니다.

04 자막에 애니메이션 효과 넣기

제목 자막 삽입하기

01 자막을 입력하기 위해 **[자막]** 탭을 **클릭**합니다.

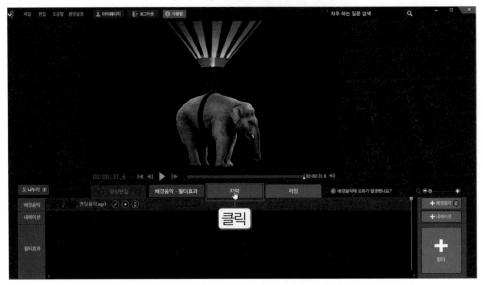

02 삽입할 자막을 선택해 **[넣기]**를 **클릭**합니다.

03 삽입된 자막의 위쪽 **텍스트 상자를 클릭**하여 '코끼리 여행기'라고 **입력**하고, 아래 쪽 **텍스트 상자를 클릭**하여 '같이 떠나볼까요?'라고 **입력**합니다.

04 **화면을 클릭**한 후 자막의 시간을 [시작]은 '1초 0프레임', [끝]은 '30초 0프레임'으로 **설정**합니다.

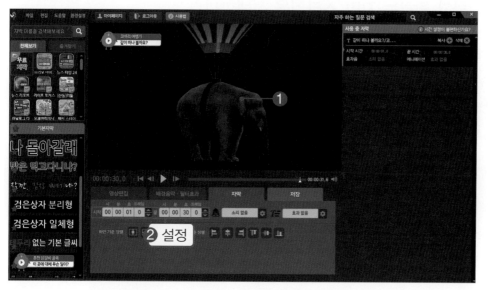

배움터 방송에서 프로그램 이름이나 해당 코너를 소개할 때 많이 사용하는 자막 스타일입니다. 여기서도 제목을 입력하여 거의 영상 전체에 나타나도록 설정합니다.

🖱 자막에 효과음 넣기

01 새로운 자막을 추가하기 삽입할 자막을 선택해 **[넣기]**를 **클릭**합니다.

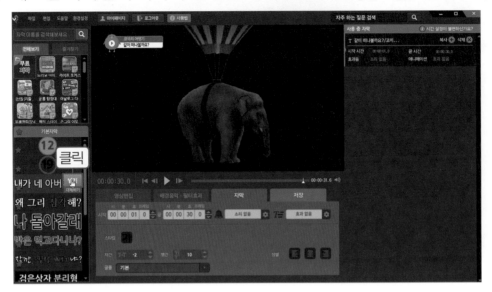

02 삽입된 자막을 **클릭**하여 수정 모드에서 '∼드디어 도착∼'이라고 **입력**한 후 '**도착**' 만 블록 지정하고 원하는 자막 스타일을 **선택**합니다.

03 자막을 정중앙에 정렬하기 위해 **화면을 클릭**한 후 🔡 단추를 클릭합니다.

04 자막의 시간을 [시작]은 '28초 1프레임', [끝]은 '30초 0프레임'으로 설정합니다. 자막의 효과음을 추가하기 위해 [소리 없음]의 ⚙ 를 클릭합니다.

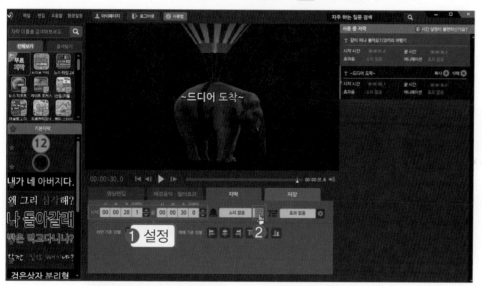

> (배움터) 제목 자막과 시작 시간은 달라도 끝나는 시간은 똑같이 설정하여 같이 화면에서 사라지게 설정하였습니다.

05 [시작 효과음] – [자연, 사람, 동...]을 클릭한 후 [키보드 연속]을 클릭하고 [닫기]를 클릭합니다.

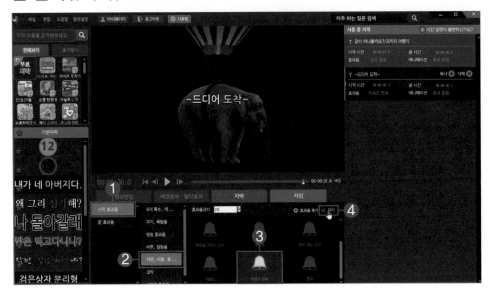

🐭 자막에 애니메이션 효과 넣기

01 [효과 없음]의 ⚙를 클릭합니다.

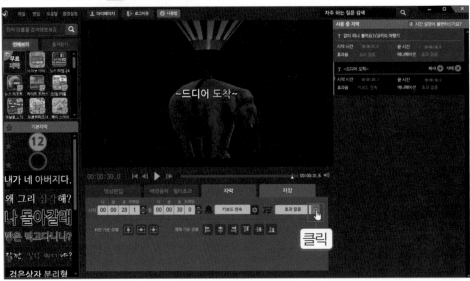

02 [시작 애니메이션] – [기본 애니메이션]을 클릭한 후 [타자기]를 클릭합니다.

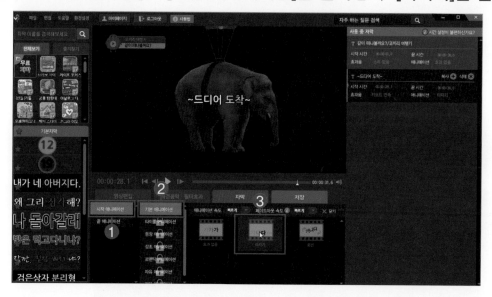

> 배움터 기본 애니메이션만 무료로 제공하고 있습니다. 애니메이션은 대부분 유료로 구매해서
> 사용해야 합니다.

03 [끝 애니메이션] – [기본 애니메이션] – [페이드 아웃]을 클릭한 후 [애니메이션
속도]는 '느리게'로 설정하고 [닫기]를 클릭합니다.

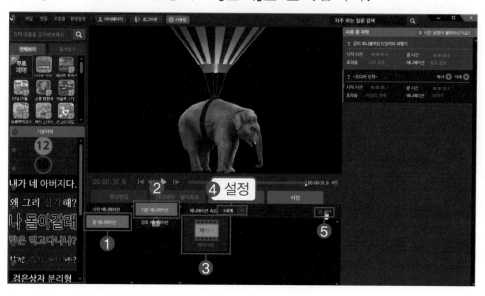

04 자막 위에 자막을 추가하여 표현하기 위해 삽입할 자막을 선택해 **[넣기]**를 클릭합니다.

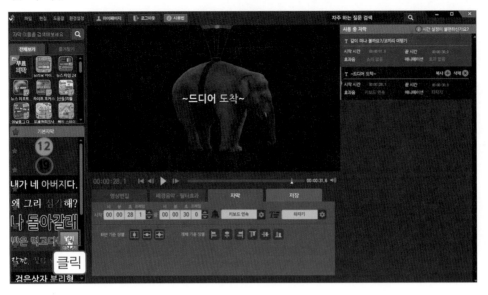

05 삽입된 자막을 **클릭**해서 '/무서웠어영/'이라고 **입력**한 후 **전체를 블록 지정**한 후 **원하는 자막 스타일을 선택**합니다.

06 자막의 크기 조절점을 Shift 키와 함께 드래그해서 작게 조절합니다.

07 자막의 시간을 '~드디어 도착~' 자막 시간과 똑같이 [시작]은 '28초 1프레임', [끝]은 '30초 0프레임'으로 설정합니다. '/무서웠어영/' 자막을 드래그해서 '~드디어 도착~' 위로 옮깁니다.

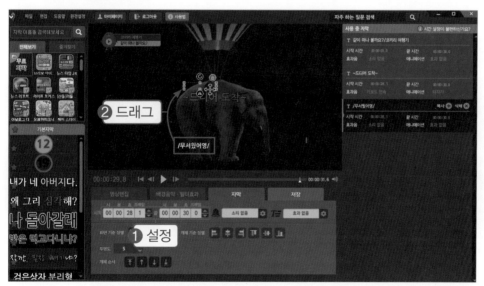

배움터 '~드디어도착~' 자막을 '/무서웠어영/' 위로 올리려면 '~드디어도착~' 자막이 보여야 하기 때문에 두 자막이 동시에 보이도록 재생시간을 조절한 후 '/무서웠어영/' 자막을 드래그해서 옮깁니다.

08 미리보기 창의 ▶를 **클릭**하여 코끼리가 여행하는 진행 사항과 배경 음악, 자막의 애니메이션과 효과음을 확인합니다.

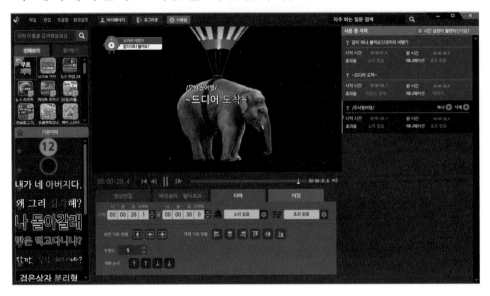

09 [저장] 탭을 **클릭**하여 [프로젝트 파일 저장] 단추를 **클릭**하여 '코끼리사진.vmpr' 파일로 **저장**하고, [동영상 파일 저장] 단추를 **클릭**하여 '코끼리사진.mp4'로 **저장**합니다.

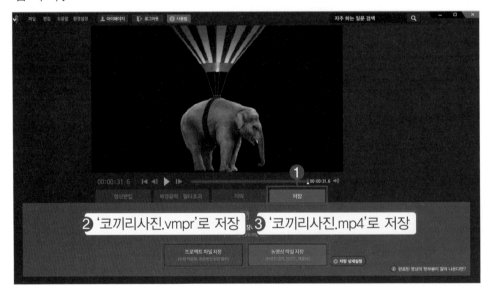

디딤돌학습

1 뱁믹스에서 'ufo.mp4'를 불러온 후, 다음처럼 자막을 추가하고 효과음과 애니메이션 효과를 적용해 봅니다.

🔵 예제파일 : [예제] 폴더 / ufo.mp4

- 내용 : (짜잔~)
  - 자막 : 왜 그리 심각해?
  - 효과음 : [무기,폭발음] – [레이저 총2]
- 내용 : (뽕~)
  - 자막 : 왜 그리 심각해?
  - 효과음 : [방송 효과음] – [레미파솔라시도레]

- 시작 : 03초, 끝 : 05초
- 애니메이션 : [기본 애니메이션] – [회전]

- 시작 : 16초, 끝 : 18초
- 애니메이션 : 효과없음

2 〈문제1〉에서 제작한 동영상의 마지막 부분에 검은색 빈 배경을 추가한 후 엔딩크레딧 자막을 추가해 봅니다.

🔵 예제파일 : [예제] 폴더 / 로고.jpg

- 자막 : 엔딩크레딧 설정
  - 편집 : 정동임, 정민혁, 주인서
  - 오디오 : 이인혜, 김정식
  - 시작 : 18초

- 연출 : 정동임, 이수진
- 자막 : 로고.jpg
- 끝 : 20초

3 〈문제2〉에서 제작한 동영상을 'ufo.vmpr'의 프로젝트 파일과 'ufo.mp4'로 저장합니다.

10 유튜브 올리기

유튜브는 세계 최대 동영상 콘텐츠 사이트로 많은 사람들이 유튜버를 꿈꾸며 동영상을 제작하여 업로드하고 있습니다. 유튜브에 동영상을 업로드하는 방법과 동영상을 간단하게 유튜브 동영상 편집기를 사용하여 수정하고 동영상을 관리하는 방법까지 알아보겠습니다.

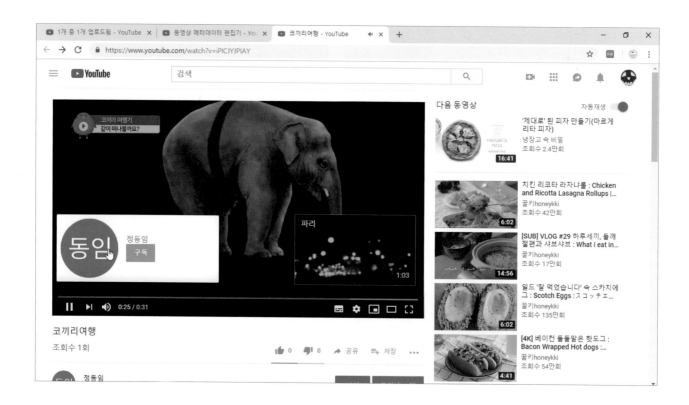

 무엇을 배울까요?

⋯ 크롬 브라우저 다운로드하기
⋯ 유튜브에 동영상 업로드하고, 공개 또는 비공개하기
⋯ 유튜브 채널 만들고, 동영상 편집하기

유튜브 접속하기

01 크롬 브라우저(⊙)를 실행한 후 '유튜브(http://www.youtube.com)'에 접속합니다.

> **배움터** **크롬 브라우저 다운로드**
>
> 인터넷 익스플로러(⊜)에서는 유튜브의 동영상 수정 편집기를 제공하지 않기 때문에 다른 웹 브라우저를 사용해야 합니다. 다른 웹 브라우저가 없는 경우에는 인터넷 익스플로러(⊜)를 실행한 후 크롬 브라우저를 다운로드 하기 위해 'https://www.google.com/chrome'에 접속하여 [Chorome 다운로드]를 클릭하여 설치합니다. 윈도우 10 운영체제를 사용하는 경우에는 기본 웹 브라우저인 Microsoft Edge(⊜)를 사용해도 유튜브 동영상 수정 편집기를 사용할 수 있습니다.

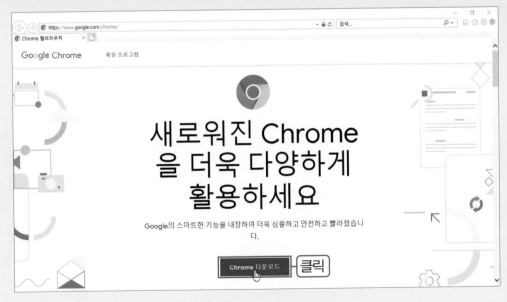

02 오른쪽 상단의 [로그인]을 클릭합니다.

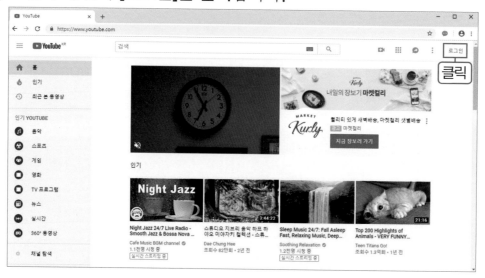

03 구글 계정으로 로그인할 수 있습니다. **구글 이메일 주소 또는 휴대전화를 입력**한 후 **[다음] 단추를 클릭**합니다. 비밀번호 입력란에 **비밀번호를 입력**한 후 **[다음] 단추를 클릭**합니다.

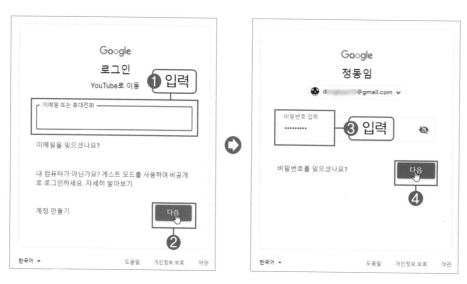

유튜브에 영상 업로드 하기

01 ■ 를 클릭한 후 [동영상 업로드]를 클릭합니다.

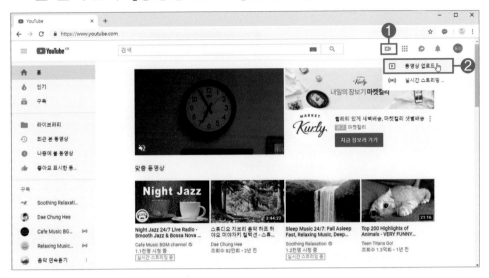

02 동영상을 업로드하기 위해 **[업로드할 파일을 선택]**을 클릭합니다. 대화상자가 나타
나면 [완성] 폴더에서 **'코끼리사진.mp4'**를 선택한 후 **[열기]** 단추를 클릭합니다.

배움터 유튜브

세계 최대 동영상 공유 사이트인 유튜브에서 동영상을 생산하고 업로드하는 창작자를 '유튜버'라고
합니다. 글이나 사진 중심의 콘텐츠에서 동영상 중심의 콘텐츠로 바뀌면서 다양한 자신만의 콘텐
츠로 활동하는 유튜버들이 주목받고 있습니다. 방송은 많은 인력과 제작비를 사용하지만, 유튜버는
개인이 중심이 되어 원하는 영상을 만들고 유튜브에 업로드하여 방송을 진행하기 때문에 제작비도
많이 들지 않습니다. 새로운 직업으로 남녀노소 구분 없이 도전하고 있습니다. 좋은 동영상 콘텐츠
를 제작해서 유튜브에 업로드 해서 도전해 보는 것도 좋습니다.

03 업로드 준비가 진행되고, 처리 중이 표시되면 잠시 기다립니다.

04 업로드 처리가 완료되면 '제목'에 **동영상 제목을 입력**하고, '설명'에 **설명글을 입력**하고, 태그에는 **동영상과 관련된 단어를 입력**합니다. 동영상을 유튜브에 게시하기 위해 **[게시] 단추를 클릭**합니다.

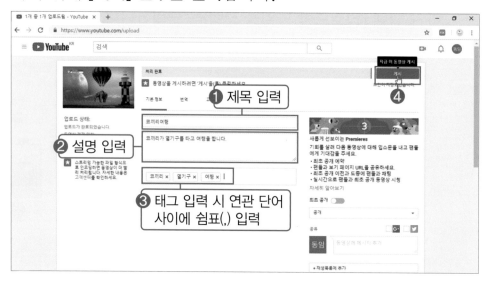

배움터 **동영상 업로드 시 팁**

- 제목 : 콘텐츠의 핵심을 담고 시청자의 관심을 사로잡을 수 있는 제목을 작성해야 합니다. 조회수가 생각보다 저조할 때는 제목을 다시 작성해 봅니다.
- 설명 : 검색 결과에 나열될 때 제목과 설명이 함께 노출되므로 '제목'에 쓰인 키워드를 한 번 더 넣어 작성하면 검색 데이터의 정확도가 높아집니다.
- 태그 : 문장으로 된 제목과 달리 태그는 단어들로 이뤄집니다. 태그는 화면에 직접 노출되는 부분이 아니므로 가능한 한 연관된 단어를 많이 입력하는 것이 좋습니다. 하지만 허위 키워드나 유인 키워드를 입력하게 되면 정확도가 떨어져서 클릭률이 낮아지게 됩니다.

05 동영상이 게시되면서 공유 주소를 확인할 수 있습니다. 다른 사람과 공유하려면 공유 주소를 복사하여 메일이나 메신저로 보내서 공유하고, 트위터나 페이스북 등의 아이콘을 클릭하여 바로 공유할 수도 있습니다. 게시된 동영상을 보기 위해 **동영상 섬네일을 클릭**합니다.

06 업로드한 동영상이 재생되어 감상할 수 있습니다.

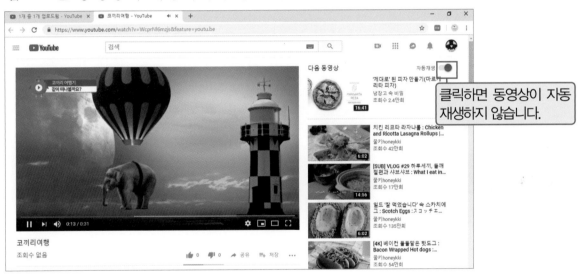

클릭하면 동영상이 자동 재생하지 않습니다.

03 동영상 수정하기

🖱 동영상 기본 수정하기

01 업로드한 동영상을 수정하려면 **[동영상 수정]** 단추를 클릭합니다.

02 동영상의 기본 설정을 변경할 수 있습니다. 공개 상태의 **'공개'를 클릭**한 후 **'비공개'를 선택**합니다. 이후 **[완료]** 단추를 클릭합니다.

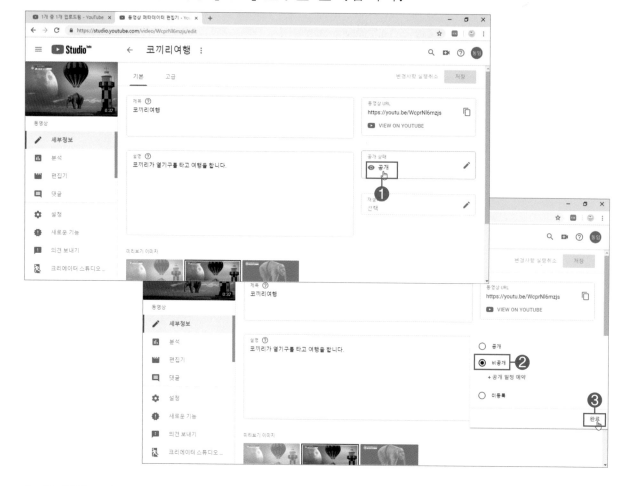

03 변경한 설정을 저장하려면 상단의 **[저장]** 단추를 클릭합니다. 왼쪽 메뉴에서 **[분석]**을 선택합니다.

> **배움터** 공개 상태를 '비공개'로 하면 다른 사람이 내가 업로드한 동영상을 볼 수 없으므로, 공개로 설정하는 것이 좋습니다. 개인 동영상을 유튜브에 보관 용도로 사용하려면 비공개로 설정합니다.

04 분석 페이지에서는 업로드한 동영상의 조회수, 구독자수를 확인할 수 있고, 그래프로 분석된 결과를 볼 수도 있습니다. 왼쪽 메뉴에서 업로드한 동영상을 수정할 수 있는 **[편집기]**를 선택합니다.

🖱 업로드한 동영상 편집하기

01 동영상 편집기를 처음 들어가면 간단한 안내창이 표시됩니다. **[시작하기]** 단추를 클릭합니다.

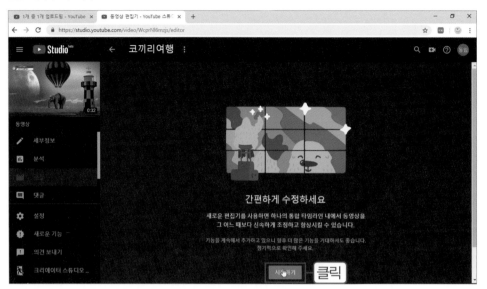

02 뱁믹스와 비슷한 동영상 편집기가 나타납니다. 동영상 자르기, 오디오, 블러 추가 기능 등 간단하게 동영상을 편집할 수 있습니다. 이미 편집한 동영상이므로, 최종 화면만 추가하기 위해 **[최종 화면 추가]**를 클릭합니다.

> **배움터** 최종 화면은 25초 이상의 동영상에서만 추가할 수 있습니다.

03 [최종 화면 추가] 창에서 제시된 **레이아웃 중 하나를 선택**한 후 **[적용]**을 클릭합니다. 업로드한 동영상에서 채널 구독과 본인이 올린 다른 동영상을 홍보할 수 있어서 구독자와 조회수를 높힐 수 있습니다.

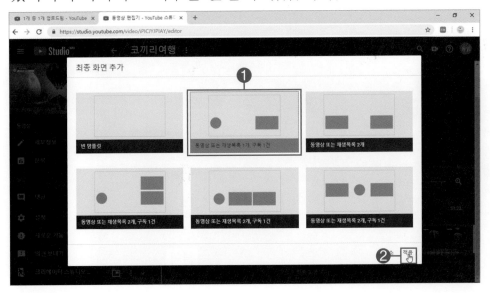

04 구독 채널과 동영상은 타임라인에 표시되고, 최종 화면의 재생 시간도 자동으로 설정되어 있습니다. 채널이 하나인 경우에는 본인 채널이 '구독'에 설정되어 있습니다.

05 타임라인에서 **[동영상:최근 업로드한 동영상]을 클릭**하면 상단의 표시 요소가 '동영상 요소'로 변경됩니다. 동영상 요소가 '최근 업로드된 동영상'으로 되어 있습니다.

 최근 업로드한 동영상이 '코끼리여행'인데 코끼리여행 동영상을 보면서 최종 화면에 '코끼리여행'이 아니라 다른 홍보하고 싶은 영상이 보이도록 설정해야 합니다.

06 동영상 요소에서 **[특정 동영상 선택]을 클릭**한 후 특정 동영상 선택 창에서 원하는 **동영상을 선택**합니다.

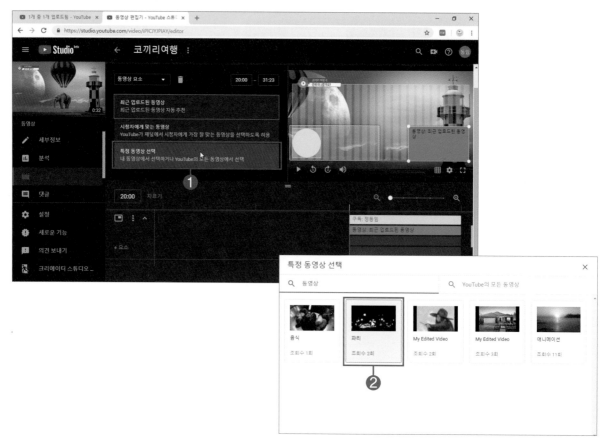

07 **[저장]** **단추를 클릭**합니다. [기존 동영상에 변경사항 저장 안내] 창의 **[저장]**을 클릭한 후 저장이 완료될 때까지 기다립니다. 저장이 완료된 후 왼쪽 메뉴 중 **[세부정보]를 선택**합니다.

08 시청자가 본인의 업로드한 동영상을 볼 수 있게 하기 위해 [공개 상태]는 **'공개'**로 설정한 후 **[저장] 단추를 클릭**합니다. 왼쪽 상단의 코끼리여행 동영상 **섬네일**을 클릭합니다.

09 동영상이 재생되고, 동영상이 끝나갈 무렵 채널 구독과 설정한 동영상이 표시됩니다.

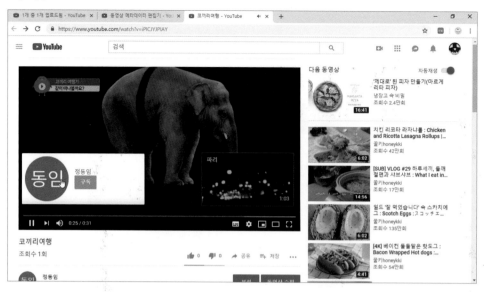

배움터 **브랜드 채널 만들기**

본인의 기본 채널의 경우 성과 이름으로 만들어지기 때문에 동영상 특성을 표현하기 어렵고, 원하는 채널명을 얻을 수도 없습니다. 브랜드 채널이 필요합니다.

01 유튜브 홈 화면에서 오른쪽 상단에 본인 아이콘을 클릭한 후 [설정]을 클릭합니다. 내 계정에서 [새 채널 만들기]를 클릭합니다.

02 업로드 하는 동영상의 내용을 포괄할 수 있는 채널명을 [브랜드 계정 이름]에 입력합니다. [만들기] 단추를 클릭하면 새로운 채널이 생성됩니다. 더 많은 채널을 생성하여 각각의 채널에 어울리는 동영상을 제작해 봅니다.

1 유튜브에 '초보 여행자' 채널을 만들고, [완성] 폴더 안의 '펭귄.mp4'와 '새해.mp4' 를 유튜브에 업로드해 봅니다. 🔗 예제파일 : [완성] 폴더 / 펭귄.mov, 새해.mp4

2 유튜브에 업로드한 '펭귄.mp4' 영상의 최종 화면에 채널과 '새해.mp4' 동영상을 표시해 봅니다.

소스파일 다운로드 방법

01 인터넷을 실행하여 시대인 홈페이지에 접속합니다.

    * www.sdedu.co.kr/book

02 [로그인]을 합니다.

    * '시대' 회원이 아닌 경우 [회원가입]을 클릭하여 가입한 후 로그인합니다.

03 화면 아래쪽의 [빠른 서비스]에서 [자료실]을 클릭합니다.

04 [프로그램 자료실]을 클릭합니다.

05 목록에서 학습에 필요한 자료 파일을 찾아 선택합니다.

    * 검색란을 이용하면 목록을 줄일 수 있습니다.

06 첨부된 zip(압축 파일) 파일을 클릭하여 사용자 컴퓨터에 저장합니다.

07 압축을 해제한 후, 연습을 시작합니다.

듬꾹이, 담꾹이, 꾹꾹이는 독자를 생각하는 마음으로 더 알찬 정보와 지식들을 듬뿍 도서에 담았다는 의미로 탄생하게 된 '시대인'의 브랜드 캐릭터입니다.